27
Ln 10179

I

NOTICE

SUR LA VIE

DE

M. PIERRE-FRANÇOIS JAMET,

PRÊTRE,

**FONDATEUR DE L'ÉCOLE DES SOURDS-MUETS, ET SUPÉRIEUR
DE LA COMMUNAUTÉ DU BON-SAUVEUR DE CAEN;**

Chanoine honoraire de Bayeux, d'Albi, et de Coutances; ancien RECTEUR
de l'Académie royale de Caen; Membre des Académies de
Caen et de Rouen; Chevalier de la légion
d'honneur, etc., etc.

PAR

M. l'Abbé JAMET, son neveu,

CHAPELAIN DU BON-SAUVEUR.

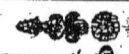

« Multis ille bonis flebilis occidit;
» Nulli flebilior, quàm *mihi....* »
(HORACE.)

CAEN,

IMPRIMERIE RELIGIEUSE DE PAGNY,
Rue Froide, 29.

1846.

NOTICE

SUR LA VIE

DE

M. PIERRE-FRANÇOIS JAMET.

—◦◦◦—

« Multis ille bonis flebilis occidit ;
» Nulli *flebilior*, quàm *mihi*.... »
(HORACE.)

« Il meurt, et sa perte est suivie
» D'unanimes regrets et d'honorables pleurs;
» Mais, comme *moi* quel autre l'a sentie?
» Quel cœur fut déchiré de si vives douleurs? »
(TRAD. AN.)

Si nous admirons avec raison les hommes
dont la gloire personnelle a donné le plus
d'éclat à celle de leur patrie, par la renom-
mée qu'ils se sont faite dans les sciences,
par leur habileté dans les arts, par leur bra-
voure dans les combats ; si nous aimons
à retrouver leurs noms dans les pages de

1

1847

l'histoire chargée de les transmettre à la postérité ; nous éprouvons une satisfaction plus douce encore à y voir figurer ceux qui, dans une carrière plus modeste, mais non moins utile à leurs contemporains, guidés par des motifs qui les élèvent au-dessus de la terre, se sont voués généreusement au soulagement des infirmités et des misères qui éprouvent et affligent l'humanité. C'est à ce dernier titre surtout que nous venons proposer d'inscrire dans les fastes de la charité chrétienne et de notre histoire provinciale, le nom d'un Prêtre béni de Dieu et chéri des hommes. Déjà, nous le savons, il est gravé dans beaucoup de cœurs où rien ne pourra l'effacer. Il a lui-même laissé son empreinte sacrée dans les œuvres de sa bienfaisance. Mais les cœurs passeront. Peut-être aussi, les plus belles œuvres tomberont un jour, sous le souffle destructeur du temps et des passions. Et cependant il ne faut pas que les noms des hommes généreux périssent. Ils doivent à jamais poser, modèles de vertus,

devant la postérité la plus reculée. Nous
osons donc espérer qu'il sera fait un bon
accueil à celui de M. l'abbé Jamet.

Notre but n'est point de faire une histoire
de la vie de cet homme admirable; mais
seulement de fournir quelques renseignements, de signaler quelques faits propres
tout à la fois à satisfaire ceux qui seraient
curieux de connaître les actions et les
mœurs d'un homme aimable, d'un bon prêtre, d'un bienfaiteur zélé de l'humanité, et
à rappeler des souvenirs bien précieux et
bien chers à ceux qui ont eu ce qu'ils ap-
pelleront toujours le bonheur de vivre dans
son intimité, de partager ses travaux bien-
faisants, de l'aider dans ses œuvres et d'admirer de plus près ses vertus.

On nous pardonnera, on aimera même
peut-être quelquefois certains détails d'une
importance très-secondaire; car dans la vie
et les procédés d'un homme qui s'est élevé
par ses propres forces, tout intéresse, et
l'on se plaît à prendre, pour ainsi dire, la

nature sur le fait, même dans les plus petites choses.

Nous avons d'ailleurs la confiance que nul
ne voudra faire un reproche à un fils adoptif,
s'il paraît quelquefois signaler avec trop de
complaisance, dans celui qui lui servit de
père pendant près de vingt-trois ans, des
traits qu'un œil étranger n'eût pas aperçus.
La reconnaissance a communément le regard
si clairvoyant! Toutefois la prudence nous
guidera, et nous saurons taire ce qu'il serait
inopportun de publier.

Pierre-François JAMET naquit à Fresnes,
canton de Tinchebray, arrondissement de
Domfront, département de l'Orne, le 12
septembre 1762. A cette époque, la paroisse
de Fresnes, que la circonscription du Con-
cordat de 1801 a enclavée depuis dans le
diocèse de Séez, appartenait à celui de
Bayeux. Son père, Pierre Jamet, et sa mère,
Marie Bunot, étaient deux de ces époux au
caractère mâle et ferme, aux mœurs sévè-

res et patriarcales, à la foi pieuse et éclairée, comme on en rencontrait peu, même
dans un pays où ces précieuses qualités
étaient moins rares qu'ailleurs. Aussi jouis-
saient-ils, quoique simples cultivateurs,
d'une estime particulière dans le canton.

Neuf enfants, cinq garçons et quatre filles,
vinrent couronner leur douce et paisible
union, et tous furent élevés par les soins de
la mère, trop jalouse de ces présents du ciel
pour les confier à des mains étrangères.
Rien n'eût pu lui faire abandonner ce système, fondé d'ailleurs sur les lois de la nature, et fortifié en elle par la raison et la
religion. Sa tendresse et sa vigilance mater-
nelles étaient susceptibles, au besoin, d'un
redoublement de puissance et d'intensité,
comme il parut à l'égard de Pierre-François : car il avait un frère jumeau avec lequel il partagea, sans les épuiser, le lait et
les soins de sa mère.

Persuadés que les habitudes de la jeunesse décident, presque toujours, du sort

heureux ou malheureux de la vie, et même
de l'éternité, les époux Jamet prenaient un
soin extraordinaire pour former leurs enfants à la piété et à la vertu. La prière se
faisait en commun, tous les jours, le matin
et le soir, et les domestiques, aussi bien
que les enfants, devaient y assister. Souvent une lecture pieuse ou édifiante, telle
que la vie d'un Saint, quelque passage de
la Bible, l'histoire de l'Eglise, remplissait
une partie des longues soirées d'hiver, et
les enfants se faisaient un plaisir de lire eux-
mêmes, chacun à son tour, à moins que,
par une punition aussi rare que sensible, ils
n'en fussent momentanément privés. A certains jours de la semaine, ceux des enfants
qui fréquentaient le catéchisme en récitaient
quelque leçon. On les habituait à y attacher
une grande importance; la louange ou le
blâme, l'encouragement ou la réprimande
étaient exactement distribués, suivant le
degré de zèle ou de négligence que chacun
avait mis à apprendre la leçon.

La mère aimait à leur faire contracter l'habitude de secourir les pauvres, en prenant soin que le pain de l'aumône passât toujours par leurs mains ; et afin de joindre à la compassion naturelle à leurs jeunes cœurs ce respect pour les malheureux qui les ennoblit aux yeux du chrétien, elle voulait qu'ils accomplissent l'œuvre de charité la tête découverte. La suite a fait voir quels fruits heureux ont porté de si saintes leçons.

Cependant, Dieu bénissait la nombreuse famille : son chef se trouva bientôt à portée d'augmenter son petit patrimoine, et d'arriver à cette heureuse médiocrité qui, exempte de tous besoins pour elle-même, sait encore, par une noble sobriété, se ménager des ressources pour être utile aux autres.

On ne s'étonnera point qu'au sein d'une telle famille, la vocation au sacerdoce fût en quelque sorte native, et que les parents se fissent un devoir de la seconder. Déjà l'aîné de leurs fils avait été destiné à l'E-

glise ; et lorsqu'il fut sur le point de recevoir
les ordres sacrés, le père ayant réuni toute
la famille, annonça solennellement qu'il était
encore prêt à *faire étudier* un de ses fils. En
même temps il déposa sur la table une grammaire latine qu'il venait d'acheter. Alors il y
eut comme un combat entre les frères. C'était
à qui saisirait le premier ce livre, objet des
désirs de tous. Jean en demeura l'heureux
possesseur, et ses jours se passaient à étudier
avec une avidité que soutenait un prodigieux
succès. Mais la nuit il lui fallait prendre des
précautions pour mettre son livre en sûreté :
car la paisible possession n'avait pas suivi la
victoire. C'était ordinairement sous son chevet qu'il le plaçait, comme son plus précieux
trésor. Deux semaines s'étaient déjà écou-
lées, lorsque Pierre-François, qui ne faisait
pas mystère du projet qu'il méditait, se leva
une nuit furtivement, et parvint à s'emparer
du livre tant désiré, sans que son frère s'en
aperçût. Cette petite ruse ne fut blâmée de
personne. Jean regretta vivement son livre ;

mais comme il était le plus jeune, il comprit que c'était à lui de céder, et il en prit son parti sans trop de contestation, mais non sans beaucoup de larmes. D'ailleurs, le père approuva ce qui s'était passé, et dès ce moment il fut arrêté que ce serait Pierre-François qui *apprendrait le latin.* Il était âgé de 15 ans. Les premières leçons lui furent données par son frère l'abbé, qui était alors en vacances (*a*), et ensuite par un oncle vicaire dans une paroisse voisine.

Notre jeune étudiant apprenait avec une telle facilité, qu'il n'avait besoin d'ouvrir ses livres que pendant le court trajet qu'il fallait parcourir chaque jour pour aller chez son oncle.

Bientôt il fut question de le placer dans un établissement d'instruction publique. Vire possédait alors un collége en grande réputation, et pour le nombre des élèves, et pour la force des études, et pour la distinction des maîtres. Le jeune Jamet y fut placé comme externe en 1778. Quoiqu'il n'y

eût encore qu'une année environ qu'il avait
reçu les premières leçons de latin, il crut
néanmoins pouvoir entrer en quatrième. Mais
la première fois qu'il concourut avec ses
compagnons, il n'obtint que l'avant-dernière
place : encore fut-ce par faveur ; car il paraît, d'après le témoignage du professeur,
qu'il aurait dû être le dernier.

Jamet joignait à beaucoup de talents une
volonté ferme. Dès lors un échec ne le dé-
concertait pas. Le but qu'il s'était proposé
d'atteindre, il ne l'abandonnait pas qu'il ne
l'eût touché. L'obstacle qui se dressait devant lui ne faisait qu'exciter son ardeur et
doubler son courage. Nous verrons plus tard
ce trait saillant de son caractère mis davantage en relief par les circonstances où il se
trouvera placé. Quoiqu'on lui conseillât alors
de descendre dans une classe inférieure, il
persista à vouloir rester en quatrième, pro-
mettant de bientôt se venger de sa première
défaite. En effet, il se mit à l'œuvre avec
une ardeur telle que, dès le second concours,

il passa aux premiers rangs, où il s'est toujours maintenu avec une supériorité bien
marquée. Du reste, les listes des lauréats
font foi des nombreux prix qu'il n'a cessé
de remporter dans tout le cours de ses études.

A cette époque, une petite altercation
survenue entre lui et un de ses compagnons
d'étude, lui attira de la part de celui-ci une
injure qui lui fit entreprendre sur lui-même
une espèce de traitement orthopédique. Son
compagnon lui reprocha un défaut naturel,
qui consistait en ce que ses genoux et ses
jambes, déviant un peu de la ligne perpen-
diculaire, tendaient à se rapprocher, et nui-
saient en lui à la grâce du maintien. Pour
qu'il ne fût plus possible à personne de lui
faire, à l'avenir, ce reproche, et peut-être
aussi par un peu de cet amour-propre qui
est si naturel et que l'on pardonne si facilement à un jeune homme, il imagina de se
redresser à l'insu de tous, au moyen d'un
appareil formé de son oreiller, d'une cou-
verture et de quelques ligatures qu'il dispo-

sait chaque soir et qu'il enlevait le matin. Il
poursuivit ce traitement pénible pendant un
an tout entier, jusqu'à ce qu'il fût couronné
d'un plein succès.

La tâche ordinaire que le professeur donnait aux élèves était loin d'absorber tous ses
moments; tant il avait le travail prompt et
facile. Aussi chaque jour lui restait-il plusieurs heures qu'il employait parfois à des
arts d'agrément, tels que la musique, l'équitation, et même les armes.

Le fond de son caractère était une gaité
franche et expansive. Aussi était-il aimé de
tous ses compagnons d'étude, qui se plaisaient à se réunir chez lui les jours de congé;
de sorte que la petite chambre qu'il occupait ne pouvait suffire à contenir le grand
nombre de ses amis. Au temps des vacances,
il exerçait la même influence sur ses frères
et sœurs. Souvent il les réunissait au son de
sa flûte, et le toit paternel devenait pour la
jeune et joyeuse famille le théâtre d'innocents amusements champêtres. La pieuse

mère n'osait approuver hautement cet en-
train; mais elle ne le blâmait pas non plus:
heureuse et contente de voir ses enfants vivre
en si bonne intelligence.

Après avoir achevé ses humanités au collége de Vire, Jamet vint, en 1782, faire sa
philosophie à l'Université de Caen. Tout le
monde sait quelle était la célébrité de l'ancienne Université de cette ville. Elle a compté,
à l'époque dont nous parlons, jusqu'à deux
cents élèves dans la seule classe de philosophie. Jamet ne s'y distingua pas moins
qu'il n'avait fait à Vire, et toujours on l'y
vit à la tête de ses compagnons.

Il y avait alors à Caen un Séminaire dirigé par la Congrégation des Eudistes. Le
jeune Jamet qui, nous le savons déjà, se
destinait à l'état ecclésiastique, y entra en
1784. Il y poursuivit l'étude de la théologie
avec le même zèle et le même succès qui
avaient marqué ses cours de belles-lettres et
de philosophie.

Le 22 septembre 1787, il alla recevoir à

Rouen l'ordination sacerdotale, et il revint ensuite à Caen, pour y continuer ses études théologiques à la Faculté, dans l'espoir d'arriver un jour au grade de Docteur. Pendant ce temps, il exerçait la modeste fonction de précepteur chez M. Bellami.

L'abbé Jamet attachait une grande importance à la solidité de ses études. C'était la science qu'il voulait, et non pas seulement le titre de la science : bien différent en cela de beaucoup de jeunes gens qui, aspirant aux grades, sont plus préoccupés du désir de paraître que du soin d'être réellement savants. C'est ce que le trait suivant va nous révéler.

Pressé par ses amis et par ses maîtres, auxquels il n'osait trop résister dans la crainte de leur déplaire, et de paraître y mettre de l'obstination, il se présenta à l'examen pour le Baccalauréat une année plus tôt qu'il n'eût voulu le faire. Mais ne renonçant pas cependant à sa première idée, tout en paraissant déférer aux conseils de l'amitié, il prit le parti de répondre mal aux questions qui lui furent adressées, et de faire dans le cours de l'examen qu'il subissait, plusieurs bévues volontaires, dans l'espoir d'être remis à l'année suivante. Néanmoins, sa capacité était bien connue des examinateurs; ils lui en tinrent compte, malgré la médiocrité de l'épreuve, et il se vit reçu à son grand désappointement. Confus alors de n'avoir obtenu que par grâce un titre qu'il avait la noble ambition de conquérir avec plus d'honneur et de gloire, il déclare franchement la ruse qu'il vient d'employer, et le motif qui l'a déterminé à en agir ainsi; et il supplie que l'on veuille bien recommencer l'examen. On se rend à ses désirs; il répond admirablement et reçoit les éloges les plus flatteurs. C'est dans cette circonstance que le célèbre Leclerc de Beaubéron, qui avait si savamment professé la Théologie, pendant quarante-neuf ans à l'Université de Caen, cédant à ce noble sentiment d'affection qui entraîne les hommes d'un vrai mérite vers les jeunes

gens qu'un talent précoce et distingué leur
révèle comme destinés à les égaler, serra
l'abbé Jamet dans ses bras, lui présageant
en quelque sorte tacitement qu'il occuperait
un jour ce fauteuil rectoral où lui-même
avait deux fois siégé avec tant de distinction.

En 1790, l'abbé Jamet *courait sa Licence,*
lorsque la piété et les vertus qui brillaient
en lui non moins que la science et les talents, le firent choisir pour confesseur et
directeur spirituel des Religieuses de la petite et intéressante Communauté du Bon-
Sauveur.

Comme sa vie tout entière va désormais
être liée à cette Communauté, et que d'ailleurs les œuvres qu'il y a faites demeureront
son plus beau titre de gloire, il nous semble
à propos de faire connaître brièvement ce
qu'était alors le Bon-Sauveur. On verra
mieux comment l'abbé Jamet a su comprendre et poursuivre la mission que la divine
Providence lui avait confiée.

La fondation du Bon-Sauveur remonte à l'an 1720. Ce n'était, à sa naissance, qu'un faible germe qui ne paraissait pas destiné à devenir un grand arbre. Mais que ne peut pas une culture habile et persévérante, fécondée par les abondantes rosées et par la chaleur puissante du ciel !

Anne Leroy, première fondatrice du Bon-Sauveur, n'avait, dans le principe, aucun autre but que de se retirer du monde, pour vivre plus saintement et assurer son salut éternel. C'est dans ce dessein qu'elle s'associa d'abord une compagne, puis ensuite plusieurs autres qui partageaient ses intentions et ses vues. Bientôt ces pieuses filles comprirent qu'il leur fallait une vie plus active; elles ouvrirent donc une école pour les petites filles du faubourg Vaucelles de Caen, où elles s'étaient fixées. Ensuite, elles pensèrent qu'il serait bon d'aller visiter et soigner à domicile les malades, les pauvres et même les prisonniers; et ces œuvres furent ajoutées à la première. Quelques an-

2

nées après, leur association fut transformée
en Communauté proprement dite. Elles firent
des vœux, reçurent une règle, et choisirent
parmi elles une supérieure.

Aux premières œuvres qu'elles avaient entreprises, elles ne tardèrent pas à ajouter un
pensionnat pour l'éducation des jeunes demoiselles. Un peu plus tard, elles commencèrent à soigner des femmes aliénées.
Ainsi s'étendait par degrés l'action bienfaisante de la naissante Communauté. Cependant elle ne reçut d'existence légale qu'en
1751, et à la condition d'ouvrir en outre un
asile de correction et de repentir à ces filles
infortunées qu'une séduction fatale, que des
désordres précoces jettent trop souvent, dans
nos villes, sur le chemin presque inévitable
de la honte, du crime et du malheur.

La Communauté du Bon-Sauveur, grâce
à l'activité persévérante de sa fondatrice,
était ainsi parvenue à se constituer d'une
manière régulière et complète ; et quoique
ce fût sur une échelle extrêmement petite,

elle se recommandait néanmoins déjà à l'attention et à la reconnaissance de la ville par les nombreux services qu'elle rendait.

Les choses marchèrent sur ce pied, et la Communauté ne prit presque aucun accroissement nouveau jusqu'en 1781. Tout, ou presque tout avait été jusque-là, l'ouvrage de la mère Leroy. La pieuse fondatrice se consumait depuis environ soixante ans, avec un dévouement sans réserve, dans ces diverses œuvres de charité, lorsqu'elle mourut dans sa 90e année.

L'abbé Jamet fut choisi pour être confesseur des Religieuses du Bon-Sauveur le 19 novembre 1790. Deux ans plus tard, la petite Communauté, partageant le sort de tous les Ordres religieux, se vit contrainte d'abandonner ses œuvres, ses possessions et son modeste asile. Alors le Bon-Sauveur n'exista plus. Mais, ô Providence admirable! un second fondateur était là! Quoique tout paraisse perdu maintenant, il saura un jour tout retrouver; il saura tout asseoir sur

des bases plus larges et plus solides. Il va sans
cesse avoir l'œil sur les débris épars de sa
Communauté, il va les conserver, les ré-
chauffer, pour ainsi dire, et les préparer
pour le jour de la résurrection!

Le spectacle d'une âme généreuse en face
du péril nous intéresse toujours. Suivons donc
l'abbé Jamet pendant les années justement
appelées *de la Terreur*. Alors la sainte et noble
Religion de Jésus-Christ fut persécutée comme
aux plus mauvais jours de Néron. Le phi-
losophisme, descendu dans les masses sans
avoir quitté les sommités, s'unissant avec le
fanatisme, produisit la haine aveugle et la
fureur sauvage contre le Christianisme. Des
mesures que l'on nous permettra de qualifier
de barbares, furent prises pour éteindre en
France le flambeau sacré de notre foi qui y
jetait cependant tant de lumière et tant de
chaleur. Comme les Ordres monastiques et
le Sacerdoce chrétien sont, sur la terre, le
résumé de la Religion dans ce qu'elle a de
plus saint et de plus pur, tout le feu de la

persécution dut naturellement être dirigé contre les Religieux et contre les Prêtres.

L'Assemblée Constituante rendit en deux ans plus de quarante décrets contre le culte, contre les droits, les prérogatives, les libertés, les usages les plus imprescriptibles et les plus sacrés de la Religion. L'Assemblée Législative et la Convention, en ajoutant à cette masse de décrets, en vinrent aux voies de fait contre les personnes. Arrestations, spoliations, emprisonnements, pillages, noyades, massacres, tout fut mis en œuvre......

On voudrait jeter un voile épais sur ces scènes d'horreur; mais puisque l'histoire inexorable en a conservé le souvenir, n'en détournons pas les yeux, sans avoir fait remarquer ce qu'on y voit de consolant pour l'humanité. Car, en définitive, si le spectacle d'une persécution présente toujours un côté hideux, il en offre aussi toujours un qui nous charme par sa sublime grandeur. A côté du bourreau apparaît la victime. Si la vue du premier vous confond, vous indigne, vous réduit presque à rougir d'être homme, la présence de celle-ci, avec sa foi calme et résignée, son courage surhumain, sa joie céleste ravit votre admiration, et vous fait bénir le ciel d'être Chrétien. Pour mon compte, je serais fâché de retrancher les persécutions de l'histoire du Christianisme; les martyrs de la foi sont la plus grande gloire de l'Église, et la meilleure preuve de son origine céleste.

A l'époque dont nous allons rapidement traverser les phases, l'abbé Jamet, quoique jeune encore, aperçut tout d'abord où tendaient les premiers coups portés au vieux culte de nos pères. Il ne balança pas un instant sur le jugement qu'il fallait porter de la Constitution civile du clergé *(b)*. Dès lors il usa de toute l'influence que lui donnaient l'amitié et les talents, pour éclairer quelques-uns de ses confrères dans le sacerdoce, qui croyaient que peut-être on pouvait, sans blesser la foi, prêter le serment d'être fidèle à cette Constitution. Il fut assez heureux pour

réussir auprès de plusieurs, et pour les préser-
ver de l'apostasie. Si d'autres, sollicités puissamment par le besoin de pourvoir à des intérêts temporels qu'un acte de courage et de
foi devait compromettre, eurent le malheur
de fermer l'oreille à sa voix persuasive, il
jeta du moins dans leur âme, par des rai-
sonnements solides, une semence féconde de
remords, et plus tard, des rétractations glo-
rieuses et sincères en furent les fruits précieux.

Lorsque, le 25 mai 1791, l'Université de
Caen rédigea sa déclaration au sujet des lois
des 22 mars et 17 avril 1791, concernant
le serment prescrit aux fonctionnaires pu-
blics, déclaration qui restera à jamais comme
un monument sublime de la religion ferme
et éclairée, de la fière et noble indépendance, de la soumission raisonnable de ses
auteurs, l'abbé Jamet se hâta *d'y adhérer de
cœur et d'esprit,* et son nom figure en tête
des adhésions qui y furent données par quelques autres encore. Sa conduite en cette

circonstance est d'autant plus remarquable, qu'il n'était pas fonctionnaire public; mais il prévoyait l'extension que l'on donnerait plus tard à une mesure qui ne s'appliquait d'abord qu'à ceux qui avaient des bénéfices, ou recevaient un traitement de la Nation.

Ses prévisions ne tardèrent pas à s'accomplir; car, trois mois après, il faillit être lui-même victime de son refus de faire le fameux serment de fidélité à la Nation et à la nouvelle Constitution du Clergé.

Cependant, une agitation extraordinaire régnait depuis quelques jours dans la ville de Caen. Plusieurs Ecclésiastiques, des Laïques même venaient d'être arrêtés et renfermés dans le Château : leur vie était menacée. La prudence commandait à ceux qui restaient libres encore, de ne pas se mettre en évidence, puisqu'il était certain qu'ils ne pourraient lutter avec avantage contre une fureur aveugle autant que brutale. L'abbé Jamet se retira donc, le 3 septembre, dans la Communauté du Bon-Sauveur, alors si-

tuée dans la rue d'Auge, et il s'y enferma
dans une petite chambre où il se croyait en
sûreté.

Mais la Communauté se voit bientôt cernée et envahie par une troupe nombreuse
de bourgeois armés. C'était l'abbé Jamet
qu'ils cherchaient. Le bruit de leur marche
à travers la Communauté avait retenti jusqu'à ses oreilles : un secret pressentiment
l'avertissait de se tenir prêt. Plein de foi et
d'humilité, c'est à Dieu qu'il a recours au
moment du péril. Il tombe à genoux aux
pieds de l'image du Dieu crucifié. Le souvenir de la scène sanglante du Golgotha
prépare son cœur à subir tous les excès de
la rage humaine : il a fait le sacrifice de sa
vie, et il se relève calme et résigné.

Au même instant des coups violents ébran-
lent sa porte. Il ouvre : il s'avance avec dignité, et embrassant le premier qui se présente pour l'arrêter, il le presse affectueuse-
ment sur son cœur. Vaincu par une telle
mansuétude, et retenu par un reste de res-

pect pour le Prêtre, ce malheureux se dé-
couvre, et demeure immobile de surprise et
d'hésitation. Mais bientôt excité par ses ca-
marades, il étouffe ce premier sentiment,
saisit sa paisible victime, et tous ensemble,
ils la conduisent à la maison de ville. Là, on
presse l'abbé Jamet de prêter le serment à
la Constitution, lui assurant, par une ruse
infernale qui ne réussit que trop auprès de
plusieurs autres, que les Curés les plus respectables de la ville venaient de satisfaire à
la loi. « Vous m'en imposez, répondit-il sans
hésiter; les Curés de la ville sont trop instruits et trop orthodoxes pour avoir fait une
semblable faute. Mais quand même tous les
Prêtres de Caen auraient prêté ce serment
coupable, je n'imiterais pas leur faiblesse.
Faites de moi tout ce qu'il vous plaira ; je
suis prêt à mourir; heureux si Dieu me fait la
grâce de donner ma vie pour la Religion. »
    Au bout de quelques heures, l'abbé Ja-
met fut conduit devant le Comité, avec quatre
autres Prêtres. On insiste de nouveau pour

obtenir le serment ; de nouveau le serment
est refusé. Alors le Comité délibère, et con-
clut à renvoyer les cinq prisonniers, sur leur
promesse de se représenter au premier appel.

Pendant que le Comité délibérait sur ce
qu'il allait faire de ses prisonniers, des sol-
dats reçurent ordre de les conduire dans la
cour. Là, comme nous l'a raconté l'abbé
Jamet lui-même, ils se trouvèrent au milieu
d'une foule d'hommes armés et de femmes du
peuple qui avaient l'air de véritables furies.
L'une de ces femmes, tenant à la main un
grand couteau, se distinguait des autres par
son air féroce, par ses propos atroces, et
ses gestes de cannibale. Je veux, disait-
elle, en brandissant son coutelas, ouvrir le
ventre au moins à deux. Un homme lui faisant écho, portait la pointe de sa baïonnette
contre la poitrine de l'abbé Jamet, et trouvait plaisant de déchirer sa soutane, en le
traitant de misérable, et l'assurant qu'il ne
mourrait que de sa main.

Au sortir de cette séance, l'abbé Jamet

fut recueilli par un de ses amis (*c*) , qui lui
donna asile et le retint jusqu'à la nuit. Aussitôt que les ténèbres purent protéger sa
marche, il se hâta de retourner à la Communauté, qui, depuis l'arrestation de son
Chapelain, n'avait cessé de répandre des
prières, des vœux et des larmes. Il y resta
près d'un an, sans jamais se montrer au dehors, dans la crainte d'une nouvelle arrestation.

Pendant les années affreuses de 1792 et
1793, on vit le Clergé français, resté fidèle
en immense majorité, prendre deux partis
bien différents, mais également honorables
et généreux, évidemment providentiels l'un
et l'autre, et d'autant plus remarquables, que,
si les uns, en plus grand nombre, n'eussent
pas embrassé le premier, le second devenait impraticable à ceux qui le suivirent.
Une très-grande partie de nos Prêtres, justement persuadés qu'ils seraient infailliblement, et inutilement pour leurs ouailles,
égorgés par les persécuteurs, s'ils ne quit-

taient pas le sol de la patrie ; convaincus d'ailleurs que la crise si violente dont la France était agitée ne pourrait être de longue durée, et pleins de l'espoir de revenir bientôt donner leurs soins au troupeau pour lequel ils auraient ainsi conservé leur vie, prirent tristement le chemin de l'exil. Ils suivaient en cela l'exemple de Paul et de Barnabé, qui, se voyant menacés et poursuivis par les Juifs d'Antioche de Pisidie, s'acheminèrent promptement vers l'hospitalière Icone. Ils y demeurèrent jusqu'à ce qu'une grande persécution s'y étant élevée, et leurs jours y étant menacés, ils prirent de nouveau la fuite, et se retirèrent dans la Lycaonie. Lystre d'abord leur ouvrit ses portes; puis la persécution les y suivant encore, ils s'enfuirent une troisième fois, et demandèrent à Derbe un repos qu'ils n'avaient pu trouver dans les autres villes. C'était d'ailleurs le conseil du divin Sauveur à ses Apôtres : *Restez, leur avait-il dit, tant que l'on vous souffrira; mais si l'on ne veut plus de vous, retirez-vous, en*

secouant la poussière de vos pieds. C'était
aussi ce qu'avait fait ce maître suprême de la
vie apostolique et sacerdotale, qui plusieurs
fois lui-même avait fui devant la persécution
de ses ennemis. Aussi, ce généreux sacrifice,
rendu plus méritoire encore par sa longueur
inattendue et par les diverses privations que
nos Prêtres avaient à subir, fut-il admiré de
l'Eglise entière, qui les a salués du beau
nom de *Martyrs de l'exil.* Aussitôt qu'il leur
fut permis et possible de rentrer en France,
on les vit accourir par toutes les frontières,
et reprendre auprès de ceux que la mort
avait épargnés leur ministère de paix et d'a-
mour. Le frère aîné de l'abbé Jamet fut de
ce nombre.

Beaucoup d'autres au contraire, auxquels
la retraite en masse des premiers permit de
se dérober plus facilement aux recherches,
ou d'échapper à l'attention des persécuteurs,
pensant, non moins justement, que le pasteur
n'est jamais plus nécessaire au milieu de son
troupeau, que dans les temps de péril, et que,

plus la foi des fidèles allait être soumise à des épreuves terribles, plus il fallait se dévouer pour les soutenir contre les assauts qui allaient se multiplier, et les préparer à la mort qui allait les frapper. L'abbé Jamet fut du nombre de ces derniers. Le sentiment du devoir, l'espoir d'être utile, une confiance aveugle dans la divine Providence, eurent bientôt déterminé son choix. Il était d'ailleurs doué d'un caractère et d'une tournure d'esprit éminemment propres à déjouer, en toutes circonstances, la malice et la fureur des persécuteurs : car il était entreprenant, hardi, fécond en expédients, prévoyant, prudent, d'un sang-froid imperturbable, et de plus, adroit, souple et fort. Toutes et chacune de ces qualités lui ont été bien des fois nécessaires, soit pour éviter la mort qui le menaçait lui-même, soit pour parvenir à rendre des services à ceux dont il connaissait les besoins spirituels, ou qui réclamaient son ministère. On l'a vu, la nuit, le jour, à pied, à cheval, déguisé sous toutes

les formes, parcourant un rayon de dix à
douze lieues, pour porter les secours de la
Religion, célébrer la sainte messe, entendre
des confessions, préparer des malades à la
mort, baptiser des enfants, bénir des maria-
ges, faire des instructions, et tout cela, souvent à quelques pas de ses persécuteurs qui
ne s'en apercevaient pas. Quoiqu'il variât ses
moyens suivant les circonstances, cependant
sa ruse favorite, celle qui lui réussissait le
mieux, était de se donner comme médecin.
Il avait même un peu étudié la médecine,
afin de mieux jouer son rôle. Arrivant à cheval, il examinait, interrogeait les malades,
parlait à propos le langage d'Esculape,
prescrivait quelques remèdes quand il connaissait suffisamment la maladie, faisait au
besoin une ordonnance qu'il signait *Des-
champs* (nom de guerre qu'il avait adopté),
puis s'occupait adroitement de la maladie des
âmes dont il était le véritable médecin, et
se retirait parfaitement inconnu de ceux auxquels il n'avait pas voulu se faire connaître,

Un jour, suivant à cheval la route d'Har-
court pour l'une de ces expéditions de charité, il se voit inopinément accosté par deux
gendarmes chargés d'une mission, et porteurs
d'un signalement. Heureusement son cos-
tume n'avait rien qui pût le trahir. Promptement son parti est pris. Il compose son
visage, fait caracoler son cheval avec toute
l'adresse d'un excellent cavalier, entame franchement la conversation avec ses malencon-
treux compagnons, leur parle de son commerce, de sa fortune, de sa famille; puis il
s'informe à son tour de ce qui pouvait être
l'objet de leurs investigations, et apprend,
sans se troubler, que c'est lui-même. Il leur
donne alors des renseignements très-précis
sur cet abbé Jamet qu'ils cherchent, leur as-
sure qu'il est sur cette route; car, lui qui le
connaît parfaitement, l'a vu passer à l'instant
même; il ne peut être bien loin, ce lui semble, en un temps de galop ils seront sur ses
pas. Il pique en même temps des deux comme
pour les animer à rivaliser de vitesse; mais

se laissant bientôt devancer, après leur avoir ainsi donné le change, il s'esquive par un chemin de traverse et se hâte prudemment de suivre une direction opposée.

Un autre jour, se trouvant avec un ami dans les environs de Caen, il voit venir deux individus dont l'accoutrement et les manières lui annoncent qu'il a tout à craindre. Son ami veut l'engager à fuir. « Gardons-nous en bien, dit l'abbé Jamet, ils nous saisiraient; arrêtons-les plutôt. Allons!... du courage!...» et prenant un air décidé, il aborde en face les deux citoyens déconcertés, leur demande hardiment leurs papiers, et comme ils n'en avaient pas, il les menace de la prison; puis, se radoucissant, il les laisse aller comme par grâce, en leur recommandant bien de ne plus s'exposer ainsi.

Dans plusieurs autres circonstances également très-critiques, il lui a suffi de faire bonne contenance, ou de payer d'un peu d'audace pour se sauver du danger.

Souvent il allait chez ses parents pour les-

quels il a toujours conservé la plus affectueuse tendresse. Leur maison était fort *sus-*
pecte; c'est-à-dire soupçonnée d'être un asile
pour des Prêtres. On ne se trompait pas:
car pendant les quatre ou cinq plus mau-
vaises années de la terreur, il y a presque
toujours eu quelques Prêtres dans l'une ou
l'autre des deux habitations qu'occupait alors
cette pieuse famille. On les cachait si bien,
on était si discret, que malgré la surveillance active exercée sur ces maisons en sus-
picion, malgré les fréquentes visites domi-
ciliaires dont elles étaient le théâtre, aucun
des saints hôtes qu'elles recélaient n'y fut dé-
couvert. Tantôt on les confiait aux parois
resserrées d'une cachette pratiquée dans l'é-
paisseur d'un mur, et dont l'entrée se dérobait
derrière un meuble à fond mobile; tantôt,
en formant les tas de foin ou de blé, on savait réserver un lieu de refuge; tantôt on
recourait aux entrailles même de la terre
que l'on ouvrait adroitement dans quelque
lieu solitaire; d'autres fois, leur retraite était

une pièce plus étroite et plus difficile à soup-
çonner, ménagée sous les contours d'un es-
calier, dont une marche habilement ajustée,
pouvait se lever pour donner passage dans
ce réduit.

Il est arrivé même que pendant le jour, le
prêtre revêtait des habits de domestique, et
en faisait sans façon les pénibles fonctions,
au risque d'être au besoin tutoyé, gour-
mandé par ses maîtres. Puis quand la nuit
venait jeter un voile propice sur l'habitation et sur ses hôtes, la prudente fiction
cessait, le domestique du jour redevenait le
Prêtre vénéré; toute la famille prosternée à
ses pieds, lui demandait pardon des innocentes
invectives qu'elle lui avait adressées, et en
échange elle recevait sa bénédiction. Alors
on disposait dans l'appartement le plus reculé
un autel, que l'habitude et la nécessité avaient
appris à dresser promptement et à peu de
frais; des amis intimes secrètement invités
venaient quelquefois de bien loin, malgré
les fatigues du jour, malgré le froid, les té-

nèbres et les dangers de la nuit ; et l'adorable
sacrifice était offert ; et le pain des forts était
distribué ; et le courage renaissait et se fortifiait de plus en plus dans ces âmes bonnes
et généreuses. C'était pour l'abbé Jamet un
bonheur bien grand quand il pouvait à son
tour procurer ces jouissances à sa famille ;
et ce bonheur il l'a goûté bien des fois.

Mais ses soins les plus empressés, sa sollicitude la plus habituelle, étaient pour les
membres épars de sa Communauté dissoute.
Ce fut au mois d'août 1793 que ces bonnes
Sœurs, au nombre de vingt-quatre, furent
forcées de s'enfuir, sans qu'il leur fût permis d'emporter rien autre chose que le vêtement dont elles étaient couvertes, et chacune
un *assignat de cent sous*. Elles formèrent
quatre petites troupes qui allèrent habiter
dans des maisons différentes, et persévé-
rèrent avec une foi et une résignation admirables, sinon dans les œuvres extérieures de
leur institut (*d*), du moins dans son esprit.

Avant leur triste séparation, l'abbé Ja-

met leur avait promis de ne pas les abandonner. « Ayez confiance, leur avait-il dit,
je saurai vous retrouver, quelque part que
vous soyez, dussé-je escalader les murailles. »
Il leur tint parole.

Cependant, suspect lui-même, depuis
longtemps, poursuivi, et forcé de se cacher,
il prit un passe-port pour l'Angleterre, où il
fut censé aller, comme tant d'autres, en exil.
Les Religieuses, et même ses amis les plus
intimes, le croyaient véritablement en pays
étranger. Cependant il n'en était rien. Après
avoir précédemment essayé plusieurs lieux
de refuge, et s'être vu contraint de les abandonner, parce qu'ils ne lui offraient pas
toute la sécurité désirable, il en trouva enfin un selon ses vœux. C'était à Hérouville,
paroisse située aux portes de Caen, chez les
époux Onfroy, concierges d'une maison ha-
bitée par des protestants (e). Rien n'était
moins suspect que cette résidence. Aussi n'y
fut-il jamais inquiété.

Mais ce n'était pas le repos et l'inac-

tion qu'il voulait. La retraite de Hérouville
n'était que son point de départ et de retour.
C'était de là qu'il se dirigeait sur les divers
endroits où son ministère pouvait être nécessaire; et c'était là qu'il revenait toujours
prendre quelque relâche, former de nouveaux projets, réfléchir sur de nouveaux
stratagèmes. Les maîtres du logis, ainsi
que les personnes qui le fréquentaient plus
habituellement, avaient reçu, sans s'en dou-
ter, des noms particuliers; des signaux de
convention avaient été concertés, entre le
proscrit et ses excellents hôtes. Certaines
manières de parler, certains couplets de
chanson composés exprès, et dans lesquels
on avait fait entrer des mots significatifs, le
tenaient au courant, à chaque heure du jour,
de ce qui se passait soit dans la maison du
concierge, soit dans celle des maîtres, sans
qu'il lui fût nécessaire de sortir de sa petite
chambre. Les moments de danger, comme
les intervalles de sécurité, lui étaient signa-
lés ainsi avec la plus grande précision.

Gardons-nous de croire que ces temps
malheureux fussent sans consolations pour
l'abbé Jamet : car, outre celles qu'il trouvait dans l'exercice de son saint ministère,
dans le témoignage d'une conscience pure,
dans le sentiment du devoir religieusement
accompli, il en puisait encore de bien précieuses dans le commerce qu'il entretenait
avec des amis nombreux et fidèles, qui se
donnaient rendez-vous chez le charitable concierge de Hérouville. On conçoit facilement
quelle douce satisfaction trouvaient ces excellents amis à se confier mutuellement et
en toute liberté, les dangers auxquels ils
avaient échappé, les pieuses ruses qu'ils
avaient employées, les désappointements
qu'ils avaient fait éprouver à leurs persécuteurs, les saintes œuvres qu'ils avaient ac-
complies. Aussi la gaité si naturelle et pour
ainsi dire incarnée au cœur de l'abbé Jamet
ne l'avait point abandonné, et souvent il se
passait chez les époux Onfroy des soirées
pleines de charmes. Il arriva même que cet

heureux asile fut en quelque sorte trans-
formé, pour le proscrit, en maison de famille
pendant près de deux années ; car le plus
jeune de ses frères, réduit à la nécessité de
se cacher aussi, eut l'excellente idée de venir
au manoir de Hérouville s'offrir comme domestique, et il fut accepté sans être connu.
Bientôt l'intelligence et les bonnes manières
du jeune domestique, lui méritèrent l'estime et la confiance de ses maîtres. Il de-
vint comme l'homme d'affaires de la maison ; et cette nouvelle position, dont il sut
habilement tirer parti sans jamais en abuser,
contribua puissamment à rendre plus tolé-
rables aux deux frères ces jours de commune
adversité, en diminuant pour l'un les dangers
de la proscription, et en allégeant pour l'autre
les chaînes de la servitude.

Cependant, l'abbé Jamet, pour mieux
donner le change sur le lieu de sa retraite,
écrivit à ses Religieuses plusieurs lettres da-
tées d'Angleterre, et dans lesquelles il savait, sans exposer ni compromettre personne,

leur donner sur sa santé et ses projets les nouvelles les plus intéressantes pour elles. Il leur disait, en substance, qu'il était heureusement arrivé à la *grande terre*, et qu'il profitait d'un *vaisseau* qui se dirigeait vers Caen pour leur donner de ses nouvelles; que matériellement il était fort bien; qu'il jouissait de la paix; mais qu'un affreux ennui pesait sur son cœur; que l'idée de les avoir abandonnées, comme un remords déchirant, le poursuivait et l'accablait sans cesse, lui qui leur avait fait tant de promesses, et avait pris l'engagement de ne pas les abandonner; qu'elles étaient bien sans cesse présentes à son cœur; qu'il lui semblait voir leur détresse, comprendre leurs terreurs, entendre leurs désirs; qu'il ne pouvait rester si loin d'elles; qu'il irait les rejoindre; qu'il irait leur porter des secours; qu'il irait, et qu'il ne tarderait pas; qu'elles eussent bon courage; qu'elles continuassent à se voir les unes les autres; qu'elles persévérassent dans l'esprit religieux; mais qu'elles fussent prudentes dans les pratiques exté-

rieures, afin de ne point éveiller l'attention
de leurs voisins ; enfin , que d'autres *vaisseaux*
partiraient encore très-prochainement pour
Caen , et qu'ils leur porteraient certainement
de ses nouvelles.

Ces *vaisseaux* n'étaient autre chose que
des vases de lait que Geneviève , femme du
concierge de Hérouville , portait chaque jour
à Caen pour l'approvisionnement de ses pratiques. Cette fidèle et intelligente messagère
remettait ces lettres à une tierce personne
dont la fidélité était également éprouvée , et
qui était dans le secret , et celle-ci les portait aux Religieuses.

Lorsque l'abbé Jamet crut le moment
opportun , s'affublant de la veste courte ap-
pelée *carmagnole* et du bonnet rouge , avec
l'indispensable cocarde aux trois couleurs , il
revint trouver ses Religieuses , quatre mois
environ après son départ. Nous laissons à
penser quels furent la joie et le bonheur de
ces pieuses filles en revoyant , après une si
longue et si douloureuse absence, celui qu'elles

regardaient comme leur père, dont les sages
conseils leur étaient si nécessaires, et duquel
elles attendaient les seules consolations après
lesquelles aspirent ici-bas les Chrétiens persécutés, les consolations de la Religion.

L'abbé Jamet visita ses chères filles spirituelles dans les diverses maisons où elles
s'étaient retirées, et leur prodigua les soins
et les encouragements de son saint ministère. De ce moment, il continua de leur
rendre de fréquentes visites, malgré le danger auquel il s'exposait. Toujours, dans ces
visites, il s'efforçait de nourrir dans leur âme
l'espoir que bientôt la persécution cesserait,
qu'elles se réuniraient un jour, et qu'elles
reprendraient avec une nouvelle ardeur les
œuvres de charité qu'elles n'avaient que momentanément interrompues.

Mais il n'était pas temps encore ; la foi
des saints n'était pas suffisamment éprouvée.
La persécution furieuse passait toujours, en
déchargeant les flots de son courroux sur les
Prêtres fidèles. Des victimes sans nombre,

en recevant la mort, moissonnaient la palme
du martyre, et leur sort devenait pour les
autres un objet d'envie. Bien loin de verser
des larmes sur leur mort glorieuse, ils les
invoquaient comme des protecteurs arrivés
au Ciel, le cœur pour ainsi dire encore tout
ému des terribles assauts que leurs frères
continuaient à subir sur la terre.

L'abbé Jamet nous a raconté que le jour
du supplice du bon et charitable M. Gombaut,
curé de Saint-Gilles de Caen, il était, avec
un autre Prêtre, dans sa retraite de Hérouville. Ils passèrent une grande partie de la
matinée en prières, demandant à Dieu de
donner à ce fidèle martyr courage et persé-
vérance. Mais vers le milieu du jour, entendant le roulement des tambours qui an-
nonçait que le sacrifice était consommé, ils
se levèrent pour dire l'hymne triomphale de
l'Eglise; puis tombant encore à genoux, ils
supplièrent le saint martyr de prier à son
tour pour ceux qui demeuraient au milieu
des dangers et des épreuves dont il était

désormais exempt. Touchante et sublime réciprocité de sentiments entre les membres
divers, qui forment la grande Église de Jésus-Christ! Plus admirable encore dans ces
temps de persécution dont les terribles vi-
cissitudes, en multipliant les occasions de
combat et de triomphe, mettent sans cesse
en action ce secours mutuel de secrètes prières et d'héroïques exemples!

Cependant la persécution commençait à
se ralentir. Depuis près de dix ans que son
glaive était levé sur la France, elle n'avait
cessé de frapper, avec plus ou moins de vio-
lence, et d'entasser victimes sur victimes.
Audacieuse et terrible dès son début, elle
avait, après quelques hésitations calculées,
porté ses mains sacriléges sur les deux grands
et vénérables édifices du trône et de l'autel;
et sous l'insidieux prétexte d'y apporter des
modifications, selon nous impossibles, d'y
faire des réparations que l'injure des temps
et l'abus des hommes avaient peut-être rendues utiles et désirables dans quelques par-

ties accessoires, elle avait entamé une dé-
molition affreuse. Puis, enhardie par ses
premiers succès, irritée par la résistance
qu'elle rencontrait, elle n'avait plus gardé
aucune réserve. Les défenseurs de la monarchie et de la Religion avaient été impi-
toyablement sacrifiés. Bientôt la vue du sang
avait engendré la fureur. Le vertueux Louis
XVI avait expié sur l'échafaud le malheur
d'être trop bon; son épouse et sa sœur l'a-
vaient suivi de près; son fils était mort dans
les fers. Le trône avait disparu dans un abîme
de sang, et le palais des rois n'avait plus été
peuplé que de bourreaux. Partout s'étaient
dressés des échafauds. Un long cri de mort
avait retenti d'un bout de la France à l'autre.
Puis les hommes féroces qui s'étaient repus
du sang le plus généreux et le plus pur des
Français, avaient tourné leur rage les uns
contre les autres. Presque tous avaient disparu sous la hache aiguisée par eux-mêmes.
Sur les débris sanglants de la monarchie,
quatre ou cinq essais de constitutions, plus

ou moins marquées au coin du délire, s'é-
taient évanouis.

Mais la Religion, quoique horriblement
mutilée, vivait toujours. Elle s'était vue, il
est vrai, arracher tous ses appuis, tous ses
biens, tous ses ornements, tous ses minis-
tres; elle avait vu égorger sur son sein des
milliers d'enfants chéris; elle avait vu ses
temples profanés, ses autels déshonorés,
l'infâme culte de la débauche, sous le titre
de la *Raison*, substitué à ses saintes et touchantes cérémonies; elle avait été réduite à
jeter sur son front un crêpe de deuil, et
même à cacher sa désolation jusque dans les
entrailles de la terre; mais aguerrie à ces
sortes de combats, il n'en est pas d'elle
comme des institutions sociales et humaines:
elle a une vie et un principe de vie que
nulle puissance au monde ne peut lui ravir;
et malgré tant et de si profondes blessures,
son cœur généreux battait toujours.

A partir de 1795, la scène avait changé.
Au régime du sang et de la terreur, sous la

Convention, avait succédé, sous le *Direc-*
toire, l'époque toujours triste et déplorable,
mais infiniment moins désastreuse, des in-
trigues, des révoltes, des luttes entre les
trois corps qui s'étaient partagé le gouvernement de la France. Enfin s'était terminée
l'année 1799, sans que ni certaines réformes
utiles, ni plusieurs découvertes précieuses
dans les arts et dans les sciences, ni quelques
beaux faits d'armes eussent pu contrebalancer,
aux yeux du chrétien surtout, les horreurs
de tout genre qui les avaient accompagnés.

Alors apparaissait, depuis quelque temps,
sur l'horizon du monde politique, un astre
nouveau dont la puissante influence commençait à se faire singulièrement sentir. A son
aspect, les autres astres pâlirent. Devant lui,
la persécution déclarée à la Religion ne cessa
pas, il est vrai ; mais elle prit un caractère
nouveau. C'était désormais dans les rangs
les plus sublimes de la hiérarchie sacrée
qu'elle sévissait ; comme si l'aigle dont le
vol immense allait couvrir le monde, eût dé-

4

daigné toutes autres victimes que des aigles.
Toutefois, il fut permis de relever un peu la
tête; l'on put respirer. La liberté fut à peu
près rendue aux Prêtres prisonniers, et presque tous cessèrent de se cacher.

Les catholiques de France commencèrent
à reprendre peu à peu l'exercice longtemps
interrompu du culte saint, et les cérémonies
extérieures, et les œuvres publiques de charité. Pendant plusieurs années encore, il fallut marcher avec de grandes précautions,
en usant de beaucoup de ménagements, et
comme sur le cratère toujours brûlant d'un
immense volcan qui vient de faire une érup-
tion longue et terrible; mais enfin, l'on pouvait marcher.

L'abbé Jamet fut un des premiers à reprendre l'œuvre que la divine Providence
lui avait assignée.

Nous avons vu qu'il n'avait cessé d'entretenir dans le cœur des Religieuses du Bon-
Sauveur le désir et l'espoir d'une réunion
dans une Communauté. Une sainte ardeur

pour la vie régulière les animait, et le jour
auquel il leur serait donné de reprendre la
vie conventuelle, leur apparaissait comme
le terme de leurs souffrances et le commencement de leur bonheur. L'abbé Jamet pouvait donc compter qu'elles ne lui feraient
pas défaut. Il s'était d'ailleurs montré digne
de toute leur confiance; et elles ne pouvaient, sans ingratitude, refuser de s'en remettre entièrement à lui. Entre lui et elles,
il y avait réciprocité d'affection, de confiance et de dévouement. Et comme ces généreux sentiments avaient pris naissance et
s'étaient fortifiés dans le malheur, ils étaient
désormais impérissables. Il ne fallait rien
moins que cet heureux concours, pour l'entier succès de l'œuvre qui allait commencer.

Le premier objet des soins de l'abbé Jamet
dut être l'acquisition d'un local convenable.
Les vues ultérieures qu'il avait dès lors sur
l'avenir de sa Communauté, le rendirent très-
difficile sur le choix de l'emplacement où il
voulait se fixer. Il n'ignorait pas que le dé-

veloppement d'un établissement du genre de celui auquel il s'était dévoué, peut quelquefois être paralysé, entièrement arrêté, ou du moins considérablement retardé par défaut d'un local convenable. Aussi, nous savons que douze propriétés lui furent offertes avant qu'il achetât l'emplacement actuel de la Communauté du Bon-Sauveur, et que toujours, excepté quand il fut question de l'Abbaye de la Sainte-Trinité, maintenant l'Hôtel-Dieu, il y renonça, parce qu'il voyait dans leur position, ou leur voisinage, quelque obstacle à des agrandissements qu'il méditait déjà.

Quoiqu'il n'eût par lui-même aucunes ressources pécuniaires, ayant toujours, par un désintéressement généreux, laissé sa famille en possession de son petit patrimoine ; quoique les Religieuses, débris précieux de l'ancien Bon-Sauveur, n'eussent conservé à peu près aucune fortune, cependant il paraît que la question d'argent ne l'arrêtait pas, puisqu'il portait ses vues sur des propriétés d'une valeur de plus de 90,000 francs.

Ce ne fut qu'en 1804, vers la fin de l'année, que l'abbé Jamet acheta, pour les Religieuses du Bon-Sauveur, l'ancien couvent des Capucins. Ce local réunissait éminemment toutes les conditions désirables pour un établissement du genre de celui qui allait s'y fixer. Placé à l'une des extrémités de la ville de Caen, traversé dans toute son étendue par la rivière du Petit-Odon, le vieux couvent des Capucins n'avait pour limites à l'est et au sud que des vergers, des jardins potagers et des prairies; et à l'ouest que des habitations d'une très-médiocre valeur. Situé de la sorte, il offrait dans son intérieur le silence et l'isolement nécessaire pour la vie religieuse, en même temps qu'il jouissait de toutes les ressources qu'offre toujours une grande ville; pour le choix des médecins, le recours aux autorités, les approvisionnements de toute nature. Enfin, il y avait possibilité de s'agrandir selon les besoins d'un avenir heureux.

Aussi, malgré l'état de délabrement et presque de ruine dans lequel se trouvaient les bâtiments des Capucins, l'abbé Jamet s'empressa d'en faire l'acquisition pour une somme de 30,000 francs. Une œuvre de charité ne pouvait mieux commencer que par un acte de générosité. L'abbé Jamet n'avait alors pour tout argent qu'une somme de 900 francs; et il s'empressa d'en faire le don à la Communauté, qui n'avait rien du tout, pour aider à payer les frais du contrat. Bientôt après, il consacra à la même œuvre une somme de 1,800 francs dont il se trouvait possesseur.

Voilà déjà une grande opération; on pourrait dire même une opération hardie : un immeuble de 30,000 francs acheté par un homme qui n'a que 900 francs!

Sans doute la nouvelle qu'il court en porter à ses Religieuses va être reçue avec enthousiasme! sans doute on va le remercier, on va le bénir! peut-être il s'y attendait; mais il n'en fut pas ainsi. Un certain nom-

bre de ces bonnes filles refusèrent de signer
le contrat : les unes, parce qu'elles étaient
effrayées d'une si grosse somme à payer ; les
autres, en plus grand nombre, parce que le
couvent des Capucins était un bien du Clergé
dont la Nation s'était injustement emparée.
Il y eut même des Sœurs qui, à ce moment, prirent la fuite. L'abbé Jamet se voyait
menacé d'être abandonné par celles-là même
auxquelles il voulait consacrer son zèle, et
dont le concours était si nécessaire à ses
vues charitables. Mais il ne se laissa pas
déconcerter par ce trouble momentané des
Sœurs. Pour les calmer, il disait aux unes :
« Ne vous inquiétez pas, je trouverai de l'argent ; ce soin ne vous regarde pas ; je m'en
charge. J'ai des amis ; j'irai, s'il le faut,
frapper à mille portes, emprunter à mille
bourses. » Aux autres, il représentait que la
question des biens du Clergé n'était plus
douteuse ; qu'elle avait été résolue par le
Souverain Pontife lui-même ; que d'ailleurs
mieux valait encore donner une destination

pieuse à une terre déjà sanctifiée par la prière, que de voir la profanation s'y asseoir et s'y maintenir..... Enfin, après deux jours de travail, d'explications, d'éclaircissements, de remontrances et d'instances, l'abbé Jamet réussit à lever tous les scrupules, à vaincre toutes les répugnances, et il obtint la signature de toutes les Sœurs.

A cette première difficulté si heureusement surmontée, il en succéda bientôt une seconde non moins imprévue, et dans le dénouement de laquelle il est impossible de ne pas admirer l'intervention de la divine Providence.

Le premier paiement de cette acquisition devait se faire au bout de trois mois. L'abbé Jamet se reposait, pour l'effectuer, sur la parole d'un ami riche et vertueux qui lui avait promis de lui prêter 15,000 francs sans intérêt pour douze ans. Mais que ne peuvent pas, même sur les esprits les plus droits, sur les cœurs les mieux disposés, les tristes conseils d'une jalouse malignité! A

l'époque de l'échéance, l'abbé Jamet venant
rappeler à cet ami sa promesse, en fut ac-
cueilli par un refus aussi formel qu'inattendu.
Son embarras fut extrême ; mais il ne dura
heureusement pas longtemps. A peine rentré
chez lui, il y reçoit la visite d'un autre ami,
qui remarque sa préoccupation et lui en demande la cause. L'ayant apprise : N'est-ce
que cela, lui dit-il ? — Eh ! sans doute ;
mais trouvez – vous que ce n'est pas assez ?
— Ayez confiance ; demain vous aurez
15,000 francs.

Pourquoi faut-il que la modestie de ce digne
homme nous oblige à taire ici son nom ! Mais
il est écrit en caractères ineffaçables, à côté
de celui de l'abbé Jamet lui-même, dans les
souvenirs de tous ceux qui ont connu leur
mutuelle affection, si douce, si cordiale, si
reconnaissante d'une part, si respectueuse,
si vive, si humblement satisfaite de l'autre.
Le modeste bienfaiteur aimait à revoir souvent le Bon-Sauveur, plus encore pour recevoir les épanchements intimes et les pieux

conseils de son ami, que pour jouir d'un bonheur qu'il méritait si bien de partager, à la vue de ces riches moissons de charité chrétienne dont sa générosité avait payé la semence primitive. Nous l'avons vu avec attendrissement, et notre cœur ne l'oubliera jamais, agenouillé avec sa digne épouse au chevet de l'abbé Jamet mourant, partager avec la famille et la Communauté auxquelles l'unissent les gages les plus sacrés, le douloureux bonheur de recueillir les dernières bénédictions et les derniers soupirs du meilleur de ses amis.

Cependant l'abbé Jamet avait fait poursuivre activement les réparations les plus urgentes aux vieux bâtiments de l'ancien couvent des Capucins. Dès la même année, il vint lui-même le premier se fixer, dans un appartement tel quel, au milieu de ces ruines, pour diriger et surveiller les travaux. Bientôt quelques-unes des Religieuses purent aussi s'y loger et travailler à l'appropriation des diverses parties de l'Etablissement. Les autres vinrent successivement et amenèrent quelques femmes aliénées dont elles avaient toujours continué de prendre soin.

Enfin, le 22 mai 1805, l'abbé Jamet réunit et installa dans leur nouvelle Communauté toutes les Religieuses du Bon-Sauveur qui avaient survécu à la révolution. Elles n'étaient plus qu'au nombre de quinze. L'abbé Jamet donna à cette heureuse réunion qui lui avait coûté tant de peines, toute la solennité possible; et pour en perpétuer à jamais le souvenir dans la Communauté, il demanda et obtint de Monseigneur l'Evêque de Bayeux que ce jour fût consacré tous les ans par une Fête solennelle.

Les Religieuses ne portaient point encore l'habit spécial de leur Institut. A cette époque il n'eût pas été toléré.

Un grand pas était fait, de nombreuses difficultés étaient surmontées; mais il en restait beaucoup encore à surmonter; et l'avenir devait en créer de nouvelles. Il n'en est pas des œuvres de la charité comme de

celles du génie. Ordinairement les œuvres du
génie reçoivent d'abord leur perfection ; elles
sont sublimes dès le premier jour. C'est Mi-
nerve sortant tout armée du cerveau de Jupiter. Les œuvres de la charité ne se déve-
loppent que successivement et avec plus ou
moins de lenteur, suivant les moyens et les
obstacles. C'est un arbre qui germe d'abord,
puis croît et se fortifie; mais en portant
toujours ses fruits longtemps avant d'être
parvenu, quelquefois même sans jamais parvenir à son parfait développement. Pour une
œuvre de ce genre, il est besoin de la longue
vie d'un homme qui s'y dévoue tout entier.
La même œuvre confiée à d'autres mains,
avant d'avoir jeté des racines assez profondes
pour tenir fortement au sol qui l'a vue naître,
risquerait de périr, ou du moins se verrait
retardée dans ses progrès, en subissant
les modifications que ne manquerait pas
d'y apporter le nouveau cultivateur. Pour
qu'il en fût autrement, il faudrait qu'il se
rencontrât deux hommes dont les vues et

les idées fussent parfaitement identiques, ce qui est presque impossible.

La première fondation du Bon-Sauveur avait été, ainsi que nous l'avons vu, l'ouvrage d'une femme à l'âme forte, à l'esprit pénétrant, au caractère actif et entreprenant. Elle avait poursuivi son but pendant plus de soixante ans, et elle avait fait tout ce qu'une femme pouvait faire.

La restauration que l'on peut appeler la seconde fondation de cette Communauté, sur les bases que nous lui connaissons, ne pouvait être l'œuvre que d'un homme, et d'un homme spécial. Il n'est pas douteux que beaucoup d'autres auraient succombé là où l'abbé Jamet a triomphé. Il lui a fallu non-seulement déployer des vues larges pour concevoir son œuvre, mais encore trouver des moyens pour l'exécuter; et c'est là surtout qu'il s'est montré admirable.

Sans doute nous admettons avant tout l'action de la divine Providence, devant laquelle il n'y a nul obstacle, et qui, avec les instruments les plus faibles, sait opérer les plus grandes merveilles. Néanmoins , la marche miraculeuse n'est que la marche exceptionnelle, les causes secondes étant appelées à agir régulièrement et à produire leur effet naturel.

On se demandera donc, à la vue du Bon-Sauveur devenu ce qu'il est, par quels moyens un seul homme a pu élever ce colosse.

Voici, en quelques mots, son secret. Aveuglément confiant en Dieu, et plein de désintéressement, il a su inspirer les mêmes sentiments aux Religieuses qui l'ont si généreusement et si admirablement secondé. Ensuite quatre sources principales se sont ouvertes, et ont versé, par ses soins incessants, les eaux nécessaires au mouvement de la roue qui a tout fait marcher.

Des dons et des aumônes ont été souvent mis à sa disposition. L'œuvre qu'il entreprenait était si belle, si utile, si intéressante! Et comme la charité vit encore dans beau-

coup d'âmes, il a dû trouver de nombreuses
sympathies.

Aux aumônes il a fallu fréquemment joindre les emprunts. Quand on a beaucoup
d'amis et qu'on se montre toujours digne de
leur affection; quand on est généreux jusqu'à se sacrifier pour eux et qu'on n'abuse
jamais de leur confiance, on trouve soi-
même, au besoin, un trésor dans leur amitié.
C'est ce qui est arrivé à l'abbé Jamet. Ses
nombreux amis lui ont prêté quand il a
eu besoin, et toujours gratuitement; car
étant invariablement resté attaché aux principes les plus rigides en fait de prêt à intérêt, il eût craint de partager, en profitant d'un emprunt de ce genre, le tort et la
faute dont il lui semblait si difficile que le
prêteur fût exempt. Pendant bien des années,
il lui est arrivé souvent d'emprunter aux uns
pour rendre aux autres. Il s'est vu plusieurs
fois, à la veille d'un paiement considérable,
entièrement dépourvu de fonds, et le lendemain ils abondaient entre ses mains.

A ces deux premières sources de capitaux, il faut joindre les pensions des personnes soignées et instruites dans l'établissement ; mais cette source, maintenant abondante, a été longtemps assez faible.

Enfin, il a souvent engagé les Religieuses qui sont venues se vouer à l'œuvre du Bon-Sauveur, à vendre, quand cela se pouvait, leur part dans l'héritage paternel; ou du moins à s'arranger avec leurs cohéritiers, de manière à ce qu'une somme fût actuellement versée et substituée à une rente qui, ne venant que successivement, eût été moins utile. Les familles accueillaient ordinairement bien ce procédé, qui mettait immédiatement chacun en possession de son avoir, et qui leur était d'autant plus avantageux que, pour obtenir un prompt arrangement, la Communauté engageait ses nouveaux membres à se montrer peu exigeants dans la fixation de leurs droits.

Joignons à tout cela une économie sévère, beaucoup d'ordre, des privations nom-

breuses, un système invariable de pourvoir
exclusivement au plus nécessaire, en laissant
pour un autre temps tous les arrangements
d'une utilité moins importante. Joignons-y
encore l'habitude d'agir par lui-même, et de
ne confier à personne la direction des travaux
qu'il faisait exécuter, et nous connaissons
toute la marche, toutes les ressources, tout
le secret de l'abbé Jamet. Tels sont les moyens
qu'il a constamment employés pour atteindre
son but.

Nous l'avons vu s'installer avec ses Religieuses dans le local qu'il leur avait pro-
curé ; nous savons quelles étaient ses ressources ; voyons-le maintenant à l'œuvre.

Pendant les dix premières années, il ne
lui fut pas possible de marcher vite. Le calme
ne régnait pas assez dans le pays. L'avenir
se dessinait toujours sous des couleurs trop
sombres. Les persécutions partielles qui
s'élevaient de temps en temps, jointes aux
grandes agitations des guerres qui tenaient
l'Europe en suspens, inspiraient de graves

5

inquiétudes, surtout aux établissements religieux. Malgré les fastueuses démonstrations
qui se faisaient en faveur de l'Église Ca-
tholique, ses véritables enfants n'étaient
rien moins que rassurés. Les incessantes
tracasseries que le pouvoir temporel sus-
citait au pouvoir spirituel, attestaient assez
les tendances du maître actuel du monde
à ne faire de la Religion qu'un moyen d'affermir et d'augmenter sa puissance, et de
l'Église que la vassale de l'État.

Cependant, à mesure qu'il lui semblait
voir le terrain s'affermir un peu sous ses pas,
l'abbé Jamet poursuivait le développement
de son établissement. Il travaillait à organiser
sa petite Communauté, et même à l'agrandir.
Les œuvres primitives que la charité y avait
introduites, sagement modifiées suivant les
temps et les circonstances, s'y exerçaient
déjà d'une manière très-active; le nombre
des Religieuses croissait peu à peu; celui des
pensionnaires pour l'éducation croissait aussi.
Mais quand les années 1814 et 1815, avec

leurs terribles oscillations, furent passées, et
qu'il fut permis de se livrer à des espérances
plus certaines, l'abbé Jamet vit sa Communauté prendre un essor rapide. Alors, par
ses soins, de nouvelles acquisitions vinrent
plus fréquemment s'ajouter aux anciennes;
les vieilles constructions furent plus convenablement réparées, ou remplacées par des
constructions entièrement neuves; quelques
murs s'élevèrent pour le classement et l'i-
solement des personnes si diverses dont l'é-
tablissement se compose. Dès 1817, on
comptait au Bon-Sauveur trente-sept femmes
aliénées. Avant cette époque, il n'y en avait
pas eu plus de seize ou dix-sept. Le noviciat
se composait de vingt-six jeunes personnes
aspirant à la vie religieuse; et la classe des
demoiselles pensionnaires ne réunissait pas
moins de cinquante élèves.

L'habile Chapelain se gardait bien d'é-
taler, tout d'un coup, tous ses projets devant ses admirables coopératrices; il les
eût effrayées. Et puis, il est juste de répéter

ici, ce que sa modestie lui faisait souvent dire à lui-même, que, bien qu'il eût une grande idée de l'avenir du Bon-Sauveur, cependant le succès avait dépassé ses premières espérances.

Peu à peu donc, et à mesure qu'il en trouvait l'occasion, l'abbé Jamet parlait à ses Religieuses d'agrandissements nouveaux, et de nouvelles entreprises. Il leur faisait envisager les bénédictions que le Ciel répandait sur elles, comme un encouragement à bien faire, comme une approbation de ce qui était fait, et même comme leur imposant en quelque sorte l'obligation de faire davantage.

Ceux qui connaissent l'esprit des communautés de femmes, comprendront sans peine avec quels sages ménagements, avec quelle haute prudence l'abbé Jamet a dû agir pour amener presque toutes ses Religieuses à partager ses pieux desseins, à entrer dans ses vues charitables, à adopter franchement, et même quelquefois comme d'enthousiasme, les charges nouvelles qu'il

leur a successivement proposées. Cet heureux résultat pouvait, du reste, tenir en
grande partie à la bonne direction spirituelle
qu'il avait su donner à ses filles en Jésus-
Christ, et à l'esprit excellent qui a toujours
animé la Communauté du Bon-Sauveur, et
qui la rend si recommandable maintenant
encore entre toutes les Communautés.

Les principales œuvres dont le Bon-Sauveur s'est enrichi par les soins et sous la
direction de l'abbé Jamet, sont la double
Ecole des sourds-muets, le Pensionnat des
hommes aliénés, et l'extension donnée au
Pensionnat des femmes aliénées.

Lorsque l'abbé Jamet commença à instruire des sourds-muets, il s'en fallait beaucoup que cette classe si nombreuse et si
intéressante d'infortunés excitât une sympathie aussi générale que de nos jours.
Cependant, de nobles efforts étaient déjà
tentés dans plusieurs localités et recevaient d'honorables encouragements. Outre
les deux institutions royales de Paris et de

Bordeaux, on comptait en France cinq ou six écoles, les unes privées, les autres départementales ; et toutes de date assez récente : car une ou deux seulement avaient pris naissance vers la fin du dix-huitième siècle, les autres n'avaient au plus que sept à huit ans d'existence. Le reste de l'Europe ne possédait pas plus de vingt-cinq écoles, dont la plus ancienne, celle de Leipsig, ne datait que de 1778. Le nombre des sourds-muets qui recevaient l'instruction dans nos établissements français ne devait pas dépasser deux cent cinquante ; il est même douteux qu'il atteignît ce chiffre. Aujourd'hui, l'Europe ne compte pas moins de cent cinquante écoles, dont plus d'un quart appartient à la France.

L'œuvre de l'instruction des sourds-muets, comme toutes les œuvres de charité pour le soulagement des infirmités humaines, est un fruit de la Religion. Les premiers essais dans cette carrière ont eu pour auteurs des Moines et des Prêtres : car nous ne parlons pas ici

de quelques efforts isolés dus à la tendresse
paternelle ou maternelle, et couronnés par
un succès plus ou moins heureux. Quand
l'art s'est enfin développé, quand des méthodes se sont produites, quand des écoles
se sont formées, ça encore été, en France
surtout, par les soins des Prêtres. Aujour-
d'hui, sur près de quarante institutions exis-
tant dans notre pays, et renfermant au moins
quinze cents élèves, plus de vingt-cinq ont
été fondées, ou par des Prêtres, ou par de
pieuses personnes dirigées par des Prêtres,
ou par des congrégations religieuses, soit
d'hommes, soit de femmes.

En énonçant ce fait à la gloire de notre
sainte Religion, nous ne prétendons dimi-
nuer en rien le mérite des administrations
civiles qui par philanthropie, ou par tout
autre motif honorable, ont rivalisé de zèle
avec la charité chrétienne, soit en proté-
geant ses œuvres, devenues désormais une
nécessité publique, soit en les régularisant,
soit en mettant à sa disposition les ressources

pécuniaires dont elle avait besoin pour les continuer et les étendre.

En 1816, l'abbé Jamet fut conduit à s'essayer dans l'art d'instruire les sourds-muets, par le désir d'être utile à une jeune personne alliée à sa famille (circonstance que j'aime à recueillir, car cette personne était ma tante maternelle), et dont une sœur était Religieuse au Bon-Sauveur. Il ne connaissait point alors les méthodes suivies dans le petit nombre d'écoles existantes. Il n'avait même entre les mains aucuns des livres encore bien rares qui traitaient de l'art d'instruire les sourds-muets. Il fut donc réduit à ses propres ressources. D'abord il employa la pantomime, et il s'efforçait de tout peindre aux yeux de son élève. La même année, une autre sourde-muette plus jeune lui fut présentée, et il l'associa à la première. L'une et l'autre faisaient des progrès qui encourageaient le nouvel instituteur dans l'accomplissement de la tâche qu'il s'était imposée. Néanmoins il

n'était pas entièrement satisfait de ses procédés; il ne les trouvait pas assez expéditifs; en
les employant il perdait un temps trop considérable; souvent il lui semblait que ses
élèves ne saisissaient pas complètement sa
pensée. La pantomime, en un mot, s'offrait
à lui sous l'aspect d'un langage trop vague,
trop indéterminé.

Pendant la convalescence d'une grave maladie qu'il fit alors, ayant l'imagination toute
occupée de la sainte mission à laquelle il
allait se dévouer, et réfléchissant sur les
moyens de se mettre le plus directement et
le plus sûrement possible en communication
avec les infortunés privés de l'ouïe et de la
parole, il lui vint à la pensée de faire des
signes exactement correspondants aux mots
de notre langue. Immédiatement il en es-
saya plusieurs, et il lui sembla que ce moyen
devrait l'emporter sur le précédent. Dès
lors il porta toute son attention sur cet
objet; et après y avoir beaucoup réfléchi, il
jeta dans son esprit les bases de sa méthode,

et il commença tout aussitôt à en faire l'application. Mais avant de procéder ulté-
rieurement, il prit la détermination d'aller
trouver le célèbre abbé Sicard, qui, malgré son grand âge, était encore à la tête
de l'institution de Paris, afin de pouvoir
marcher d'un pas plus sûr et plus rapide,
après les conseils et les encouragements de
ce grand maître dans l'art d'instruire les
sourds-muets.

Ce voyage n'eut pas tout le succès qu'il en
avait espéré : car le bon abbé Sicard, après
lui avoir fait acheter par une longue attente,
l'avantage d'un entretien didactique, commença par lui représenter comme extrêmement difficile l'entreprise pour laquelle il venait implorer ses lumières. Il le détourna
même de ce dessein ; lui disant qu'à son âge
il ne lui faudrait pas consacrer moins d'une
année à faire un apprentissage préliminaire.
Puis vinrent d'interminables dissertations sur
la métaphysique du langage, sur la grammaire, etc... L'abbé Jamet, après avoir

subi patiemment l'ennui de cette entrevue
qui ne lui apprenait rien de ce qu'il voulait connaître, sollicita la faveur d'assister
à la leçon qui allait se donner aux élèves.
Il l'obtint; et après avoir passé environ
deux heures à la classe, il reprit le chemin de Caen, emportant avec lui les ouvrages de l'abbé Sicard et ceux de l'abbé
de l'Épée, sur l'instruction des sourds-muets.
Ces ouvrages lui furent réellement utiles,
bien qu'il n'ait pas cru devoir s'astreindre à
suivre exactement les voies qu'il y trouvait
indiquées.

De retour à Caen, l'abbé Jamet reprit
son travail, avec une ardeur nouvelle, en
suivant et en développant toujours les procédés de la méthode qu'il s'était faite. Bientôt le nombre de ses élèves augmenta au
point qu'il y en avait déjà vingt-deux qui
se préparaient pour un exercice public au
commencement de l'année 1819.

Seul et dépourvu de capitaux, il n'eût pu
que très-difficilement former une grande

école de sourds-muets ; surtout, il ne pouvait en assurer l'avenir ; mais il trouva des
auxiliaires pleines d'intelligence et de bonne
volonté dans ses Religieuses. La Communauté, noble émule du désintéressement et
de la charité de son Chapelain , se proclama
la nourrice et la mère de l'œuvre si sainte
dont il était le créateur et le père. C'est sur
cette heureuse adoption que repose la stabilité de l'école.

La méthode dont il avait conçu le plan,
et dont il faisait l'application, avec un succès
incontestable, tient une sorte de milieu entre
celle de l'Epée et celle de Sicard ; ou plutôt,
elle participe un peu de la nature de l'une
et de l'autre, avec des combinaisons, des
améliorations, et même des changements qui
lui donnent une physionomie toute spéciale.

Comme Sicard, et nous pourrions dire
comme presque tous les instituteurs de
sourds-muets, le fondateur de l'école du
Bon-Sauveur employait des pantomimes plus
ou moins longues, plus ou moins compli-

quées , quand il s'agissait de donner aux
élèves des explications sur le sens ou les
diverses acceptions d'un mot encore inconnu ; mais il n'était ni exclusivement, ni
régulièrement astreint à ce moyen, qui peut
d'ailleurs être très-souvent remplacé par
l'écriture, quand les élèves sont un peu
instruits, ou par le dictionnaire. Comme
l'Epée, et disons encore comme plusieurs
autres, l'instituteur de Caen affectait à
chaque mot de la langue un signe spécial
qu'il nommait signe de *rappel*, ou signe
indicateur. Il attachait à ces signes une très-
grande importance, comme moyen précis,
simple et facile de communiquer avec ses
élèves. Aussi, pour leur formation, suivait-
il un système méthodique et réfléchi. Son
point de départ était : que les signes ne
sont pas une langue, mais simplement la
prononciation des mots d'une langue. Il
concluait de là qu'il fallait faire le signe
des mots, et non le signe des choses ; que
les signes devaient être simples, d'une exé-

cution prompte et facile ; qu'ils devaient
avoir une forme invariable, et qu'un mot ne
devait avoir qu'un seul signe, quel que fût
le nombre de ses acceptions. Enfin, l'abbé
Jamet pensait qu'il fallait indiquer par un
signe les prépositions qui entrent dans la
composition des verbes et de quelques autres
parties du discours.

A l'appui des principes qui servaient de
base à son système, le nouvel instituteur faisait observer très-judicieusement que, dans
une langue quelconque, il y a trois choses fort
distinctes, et qu'il est nécessaire de posséder
pour la savoir parfaitement : le corps du
mot, ou sa forme écrite ; l'acception du
mot, ou le sens qu'on y attache ; enfin,
le son du mot, ou sa prononciation.

C'était la troisième de ces choses qui devait manquer aux sourds-muets instruits dans
les écoles dont l'abbé Jamet avait pu se procurer les méthodes, et qu'il avait entrepris
de suppléer par des signes.

Sur ces principes, le signe n'est donc que

l'équivalent de la prononciation absente chez le sourd-muet. Conséquemment il doit conserver, s'il est possible, dans son exécution, la simplicité et la rapidité de la parole ; et de même que les mots d'une langue sont prononcés par tous d'une manière uniforme et invariable, sous peine de n'être pas compris, de même aussi, les signes qui les représentent doivent être exécutés par tous d'une manière uniforme et invariable. Quelles que soient les acceptions diverses d'un mot, sa forme écrite et sa prononciation restent toujours les mêmes. Que ce soit une imperfection dans les langues, peu importe ; il n'est pas ici question de réforme, il n'est question que de suppléer la parole, et le moyen supplémentaire doit se rapprocher le plus possible de la réalité absente. Ce moyen n'aura donc qu'une seule et même forme, malgré la multiplicité des acceptions du mot. C'est à ce principe que se rattache, dans le système des signes du Bon-Sauveur, le groupement des mots par famille, en conservant toujours le signe du radical d'où tous les autres dérivent.

Quant aux mots composés, qui sont si nombreux dans notre langue, pour être toujours conséquent avec lui-même, et pour achever le système du groupement, l'abbé Jamet a dû leur donner dans ses signes l'air de famille qu'ils ont toujours dans la prononciation, aussi bien que dans la forme écrite. Il a donc conservé le signe de la préposition; mais en s'efforçant de le rendre si simple et d'une si facile exécution, qu'il se liât comme de lui-même au signe principal, et semblât ne faire qu'un avec lui.

Pour compléter ce système, il ne manque plus que des signes appelés *grammaticaux*, parce qu'ils sont destinés à faire comprendre, au besoin, à l'élève que tel ou tel mot est un nom, ou un verbe, ou toute autre partie du discours; parce qu'ils indiquent les temps des verbes, le genre, le nombre, etc..... Ces signes, l'abbé Jamet les a aussi adoptés.

Il est inutile de dire qu'un alphabet ma-

nuel, très-peu différent de celui des écoles
de Paris et de Bordeaux vient en aide à
tout ce système. Cet alphabet est d'un
usage indispensable pour les noms propres
et pour les mots qui n'ont pas de signes.

C'est à l'aide de ce procédé, simple et
ingénieux, que le Chapelain du Bon-Sauveur remplaçait dans son école ce qu'on
appelle ailleurs la *langue des signes*, la *pan-*
tomime naturelle, langue vague, indéter-
minée, je dirais presque barbare et semblable au langage incomplet des sauvages
ou des peuples encore dans l'enfance, par
la prononciation manuelle d'une langue
formée, d'une langue régulière et gram-
maticale, d'une langue enfin à la hauteur
de tous les progrès de notre civilisation.
Le sourd-muet, avec les signes méthodiques
de l'abbé Jamet, n'a besoin ni de ces pénibles gesticulations et mouvements de tout
le corps, ni de ces désagréables contor-
sions des membres, ni de ces disgracieuses
grimaceries de la figure auxquelles l'o-

6

blige sans cesse le défaut de signes méthodiques et réguliers. Au reste, il pourra
toujours, au besoin, et selon sa fantaisie, se
livrer à la pantomime, qui est du domaine
de tout le monde ; mais il a de plus à sa
disposition le moyen simple et régulier des
signes *indicateurs*, avec lesquels il prononce
de la main la langue de son pays.

L'exécution des signes méthodiques du
Bon-Sauveur est si facile, que l'abbé
Jamet, habitué à s'en servir, pouvait sans
aucune peine réaliser en quelque sorte le
prodige de parler comme plusieurs langues
à la fois. Souvent il a prêché, en chaire,
devant un auditoire d'*entendants* et de sourds-
muets, et chacun le comprenait comme s'il
n'eût parlé qu'à lui seul. Les Chapelains, ses
collaborateurs, ne manquent pas de renouveler ces scènes touchantes, devenues communes au Bon-Sauveur, depuis que le nombre des sourds-muets instruits ou employés
dans l'établissement s'est si considérablement augmenté.

L'abbé Jamet a fait connaître son système dans un Mémoire plein de concision
et de clarté, lu à l'Académie royale des
sciences, arts et belles-lettres de Caen, en
1821. L'année précédente, il avait lu à la
même académie un premier Mémoire fort
intéressant, dans lequel il énonçait déjà sa
méthode ; mais dont le principal objet était
de présenter le fruit de ses recherches sur
l'art d'instruire les sourds-muets. C'est le
premier essai historique sur cette matière
qui ait paru en France. Malgré les imperfections inévitables qu'on y a remarquées, il
annonce la rare sagacité et le jugement
éclairé de l'auteur.

Du moment où l'abbé Jamet a tenté de
se frayer une voie nouvelle, et a donné de
la publicité à sa méthode, il a dû s'attendre à
subir l'examen et le contrôle des hommes ;
il a pu même compter qu'il rencontrerait
des adversaires. L'abbé de l'Épée et l'abbé
Sicard en avaient aussi trouvé ; et leur vie
presque entière s'est passée à protéger d'une

main l'ouvrage qu'ils élevaient de l'autre.

Le Baron de Gérando fit paraître, en 1827, un ouvrage très-estimé, sur *l'Édu-cation des Sourds-Muets de naissance*, dans lequel il juge le fondateur de l'école du Bon-Sauveur avec une rigueur dont on serait presque tenté de se plaindre ; surtout quand on voit le même auteur se montrer si justement prodigue d'éloges pour des établissements d'une moindre importance. Peut-être, aux yeux de plusieurs, l'instituteur caennais eut-il un tort ; ce fut de vouloir voler de ses propres ailes, au lieu de se mettre à la remorque de l'école royale. Mais hâtons-nous de dire qu'aux yeux du savant et judicieux Baron, il n'en fut pas ainsi ; et que s'il s'est montré sévère à l'égard du prêtre normand, c'était précisément en raison de l'importance de son Ecole, et parce qu'il lui paraissait destiné à prendre une place distinguée parmi ceux qu'un même sentiment d'humanité réunissait dans cette honorable carrière. Il pensait d'ailleurs que l'abbé Jamet regarderait la franchise avec laquelle il signalait ce qu'il appelait *ses erreurs*, comme une preuve de sa confiance dans le généreux désintéressement qui l'animait.

Sans doute l'abbé Jamet n'eût pas manqué de bonnes raisons à opposer à une partie des rigoureuses appréciations dont il était l'objet; mais il ne crut pas devoir se défendre, ou plutôt il ne se défendit que par le seul moyen qui convînt à son noble caractère, et qui fût en harmonie avec la fin qu'il se proposait, je veux dire par un redoublement de zèle dans l'application de ses principes et de sa méthode. A ses yeux, comme aux yeux des vrais amis des sourds-muets, les succès qu'il obtenait chaque jour furent une meilleure réponse que toutes celles qu'il aurait pu faire dans une polémique trop éloignée de ses habitudes et de ses goûts, pour qu'il pensât même à l'entreprendre.

Du reste, nous aimons à dire que plus tard, et dans les dernières années de sa vie, le savant Baron, visitant le Bon-Sauveur, vint donner à l'abbé Jamet un témoignage personnel de sa haute estime, bien propre à faire oublier ce qui aurait pu paraître désobligeant dans ses expressions précédentes.

L'abbé Jamet a laissé à l'état de manuscrit un dictionnaire de ses signes, comprenant les mots les plus usuels, et dont on a besoin pour l'enseignement ordinaire.

Ce serait ici le lieu de faire connaître la méthode d'enseignement suivie au Bon-Sauveur pour l'instruction des sourds-muets; mais cet exposé nous jetterait hors des limites que nous nous sommes tracées. Quelques mots cependant sont nécessaires; nous les dirons et ils suffiront.

Il n'existe nulle part encore, que nous sachions, une méthode parfaite d'enseignement pour les sourds-muets. Des essais nombreux ont été tentés avec plus ou moins de bonheur; chaque jour, les hommes dévoués qui, dans les diverses écoles, ont consacré leur temps et leurs talents aux sourds-muets, profitant des tra-

vaux de leurs devanciers, apportent quelques améliorations aux méthodes connues;
quelques-uns même en essaient de nouvelles.
Malheureusement il est beaucoup de ces
essais qui, faute d'une publicité suffisante,
ne servent point à l'avancement de l'art.
Trop timides, ou trop modestes, leurs auteurs demeurent isolés et ne travaillent que
pour eux et pour leur école. Ainsi, souvent
de bons procédés, des aperçus excellents,
des germes féconds périssent sans avoir porté
les fruits précieux qu'ils contenaient et qu'un
peu de publicité eût suffi pour développer.

Au premier abord, il semble que rien ne
doive être plus facile à tracer qu'un bon
plan d'enseignement pour les sourds-muets.
En théorie comme en pratique, il ne s'a-
git en effet que de s'élever par degrés
des notions les plus simples, les plus élé-
mentaires de la langue, aux tournures et
aux manières les plus correctes de parler et
d'écrire. Et comme il n'est aucun des enfants
ordinaires qui n'arrive promptement et fa-

cilement à ce but, on ne voit pas pourquoi
le sourd-muet n'y arriverait pas aussi, en
suivant la même voie. N'a-t-on pas tous les
jours sous les yeux l'exemple des mères qui
n'ont besoin d'aucune réflexion, d'aucune
préparation, d'aucunes leçons préalables
pour enseigner à leurs enfants le nom et
l'usage des objets qui les entourent? Insensiblement les enfants ne parlent-ils pas avec
les mères et comme les mères?

Tout l'art consiste donc à procéder du
connu à l'inconnu, du simple au complexe,
par une gradation continue. Mais ici précisément naît une difficulté qui se complique
de la double fonction que doit remplir l'instituteur de sourds-muets vis-à-vis de ses
élèves. Car, s'il lui faut d'une part suppléer
en quelque sorte l'office d'une mère qui bégaye avec son enfant, et lui apprend instinc-
tivement à exprimer ses idées, il doit être de
plus un maître habile qui, par une classifi-
cation rationnelle des matières, fasse faire à
ses élèves, sans qu'ils s'en doutent, un vé-

ritable cours pratique de grammaire. En effet, le sourd-muet entrant dans une école
n'est plus l'enfant de quelques mois; déjà ses
facultés intellectuelles ont pris des développements proportionnés à son âge et aux conditions dans lesquelles il a grandi. Si donc le
maître est réduit à bégayer encore, il faut
du moins qu'il bégaye avec intelligence et
d'une manière intéressante. Il faut que son
langage se développe insensiblement et régulièrement ; il faut qu'en même temps il
étende, pour ainsi dire, de tous les côtés,
et en quelque sorte sans le rompre, le cercle
des idées et des connaissances déjà précédemment acquises. Or, c'est cette triple gradation du langage, des idées et de la science
qu'il est difficile d'établir d'une manière rationnelle et pratique. L'abbé Jamet s'y est
exercé l'un des premiers ; mais malgré les
succès qu'il obtenait, il était loin de croire
avoir atteint la perfection. Il sentait que
l'on pouvait mieux faire, et souvent il répétait que ceux qui viendraient après lui

feraient très-certainement mieux que lui.

Voici du reste, en abrégé, la marche générale qu'il conseillait comme pouvant être suivie, au début, dans l'instruction du sourd-muet :

« 1° Les premières leçons doivent rouler sur la nomenclature ; et l'on choisira de préférence les mots qui contiennent le plus petit nombre de caractères, comme : *tête, front, œil, nez*..... et surtout le nom des choses qui intéressent le plus les élèves ;

» 2° Au bout de quelques jours, on peut ajouter des adjectifs aux noms. Par exemple : *papier blanc, papier bleu, main grande, main petite*;.....

» 3° Donner à conjuguer les trois temps simples de l'indicatif d'un verbe régulier de la première conjugaison ; le présent, le passé et le futur. Les verbes *donner, frapper, porter*..... sont faciles à comprendre, et le sourd-muet trouve beaucoup de plaisir à exprimer ces actions ;

» 4° Quand l'élève est un peu exercé

sur le mécanisme de la conjugaison, on lui donne connaissance des adverbes. Ainsi on peut dire: *je frappe fortement, doucement, souvent, rarement;.....*

» 5° On passe au régime direct des verbes actifs. On fait écrire au sourd-muet une action simple, comme: *je frappe la table; tu donnes un livre;... il donne deux crayons...* Il faut avoir soin de faire remarquer les mots: *un, deux;*

» 6° L'élève étant un peu familiarisé avec ces petites phrases, on lui fait conjuguer tout un verbe;

» 7° Bientôt on emploie dans l'expression des actions que l'on fait, devant le sourd-muet, les pronoms relatifs *qui, que;..*

» 8° Il sera temps de lui montrer 1° le régime indirect des verbes, comme: *j'ai donné un crayon à Lucile;....* 2° l'usage des prépositions *à, de, par, devant, derrière, sur;....* 3° des conjonctions *si, car, mais.....*

» Si l'on veut donner aux sourds-muets, disait l'abbé Jamet avec une insistance extraordinaire., une connaissance exacte de la valeur relative des mots de la langue, il faut les exercer, pendant plusieurs années de suite, à rendre compte, par écrit, des actions que l'on fait devant eux; insister longtemps sur chaque conjonction, sur chaque temps composé, sur les régimes directs.....

» Sans doute, disait-il encore, au bout de quelques mois on peut leur faire des questions simples; mais la majeure partie du temps des leçons doit être employée à écrire des actions: sans cela ils ne marchent que très-lentement et d'une manière incertaine dans leur instruction. »

Ainsi le grand moyen que l'abbé Jamet employait, sa méthode à peu près unique pendant les trois premières années de l'éducation de ses élèves, était de leur offrir dans les actions multipliées, qu'il faisait lui-même, ou qu'il faisait faire par quelques-uns d'entre eux l'occasion d'employer, pour en rendre compte, à peu près toutes les expressions et toutes les tournures du langage usuel.

On conçoit l'importance extrême qu'il attachait, et que les instituteurs de sourds-muets devraient, ce nous semble, attacher à ce procédé, quand on vient à considérer que presque toutes les conversations des hommes consistent à rendre compte d'une action, d'un fait quelconque, accompli ou en voie d'exécution.

Sans prétendre donner à la méthode de l'abbé Jamet la supériorité sur celles qui sont suivies dans d'autres écoles, ni la regarder comme parvenue à sa dernière perfection, puisque chaque jour, au contraire, y apporte des améliorations, disons seulement que, telle qu'elle est, elle a été sanctionnée par d'assez heureux résultats, depuis vingt-neuf ans que l'école du Bon-Sauveur existe. En effet, il est sorti de cette école bon nombre d'élèves bien instruits, et parmi lesquels on pourrait même en citer de fort distingués.

L'école de Caen est maintenant une des plus nombreuses de France. Elle ne le cède en population qu'à l'Institution royale de Paris, à laquelle le gouvernement consacre chaque année des sommes si considérables qu'elles suffiraient pour faire fleurir quatre ou cinq écoles de même importance entre les mains de communautés religieuses. Sans doute, ce n'est pas à l'abbé Jamet seul qu'appartient l'honneur de la fondation de l'école du Bon-Sauveur; il en doit revenir une large part aux Religieuses entre les mains desquelles il l'a placée dès son origine. Voici, pour apprécier le mérite de ces Filles généreuses, une donnée positive. Nous prenons l'état des choses au jour du décès de l'abbé Jamet. Seize ou dix-huit Religieuses sont journellement employées aux deux écoles, sous la direction de deux des Chapelains de la Communauté; et sur les cent trente élèves des deux sexes auxquels elles donnent l'éducation, dans la seule maison de Caen, plus de soixante sont entièrement à leur charge! Voilà, certes, qui parle plus haut que tous les éloges.

Il serait injuste de ne pas dire ici que le département du Calvados fonda, dans le principe, six bourses au Bon-Sauveur pour des sourds-muets indigents. Mais qu'il soit aussi permis à notre impartialité d'ajouter que ces bourses ont été supprimées depuis plusieurs années, et qu'il ne figure au budget départemental de l'année 1846, *pour entretien de sourds-muets à l'école du Bon-Sauveur*, qu'une somme de 350 fr.

Deux départements voisins, l'Orne et l'Ille-et-Vilaine, entretiennent neuf élèves à l'école de Caen; le premier en a cinq, le second en a quatre. Le département d'Eure-et-Loir y avait aussi fondé huit bourses en 1838, mais il les a transférées en 1845 à l'école qui vient de se réorganiser, sous d'heureux auspices, après plusieurs années d'interruption, à Nogent-le-Rotrou.

Que les infortunés sourds-muets de notre département ne s'affligent pas toutefois de se voir privés de la portion des fonds destinés à l'instruction publique à laquelle ils

ont un droit aussi rigoureux que les autres
enfants des pauvres : car, à mesure qu'ils
sont délaissés d'une part, de l'autre, l'abbé
Jamet et ses Religieuses forment de concert
la résolution de leur consacrer de plus larges
secours ! Et l'on peut se fier à la résolution
d'âmes si généreuses. Honneur donc au fondateur de l'école des sourds-muets du Bon-
Sauveur ! N'eût-il fait que cette œuvre en
sa vie, c'en serait assez pour sa gloire, et
pour notre reconnaissance ; mais il s'en fallait beaucoup qu'elle suffît à son zèle et à son
bon cœur.

Aimables enfants, nous reviendrons à
vous ; laissez-nous vous quitter un instant
pour suivre ailleurs les pas de votre bienfaiteur.

Les soins que l'abbé Jamet donnait aux
sourds-muets ne lui faisaient point oublier
cette autre classe d'infortunés dont il avait le
spectacle devant les yeux, et qui gémissent
sous les dures étreintes de la plus affreuse
maladie, de la maladie qui s'attaque aux fa-

cultés intellectuelles. Il avait un cœur trop bon, trop sensible, pour demeurer spectateur indifférent et immobile d'un état aussi affligeant que l'est celui de l'aliénation mentale. Aussi se proposait-il d'étendre le plus possible le local consacré, dans le Bon-Sauveur, aux femmes aliénées, afin que ces malheureuses pussent, en plus grand nombre, y recevoir les soins de la charité. Cette pensée le préoccupait dès le temps où il fit l'acquisition de l'ancien couvent des Capucins; mais les circonstances ne lui permettaient pas de réaliser alors ses projets.

Les ressources assez peu abondantes dont il pouvait disposer, étaient sans cesse plus qu'absorbées par les réparations qu'il était indispensable d'exécuter. Il fallait d'ailleurs se procurer, en dehors des habitations occupées par les Religieuses et par les pensionnaires, un local à la fois séparé et convenablement rapproché. Tout faisait espérer qu'avec un peu de temps, l'occasion se présenterait de faire une pareille acquisition. Malgré l'acti-

7

vité de son caractère, malgré l'ardeur de
son zèle, l'abbé Jamet savait attendre : et le
calme imperturbable d'une patience à toute
épreuve l'a souvent merveilleusement servi,
pour épier et saisir à propos les occasions les
plus sûres d'arriver à ses fins. Ce ne fut qu'en
1812 qu'une acquisition assez importante,
puisqu'elle s'élevait à 14,000 fr., lui permit
de disposer un local propre à recevoir de
cinquante à soixante femmes aliénées. Mais
les travaux d'appropriation furent très-dis-
pendieux ; il fallut bâtir à neuf, et déranger
le cours de la rivière, ce qui se prolongea
jusqu'en 1816. Alors seulement les infortunées auxquelles il était destiné en furent
mises en possession.

Cependant, l'abbé Jamet avait aussi l'ar-
rière-pensée de former au Bon-Sauveur un
asile pour les hommes frappés d'aliénation
mentale. Mais cette entreprise offrait de
grandes difficultés, parce qu'il se rencontrait
un certain nombre de Religieuses qui éprou-
vaient une répugnance invincible à se char-

ger du soin des hommes. Les motifs de leur
scrupule paraissaient respectables ; il n'était
pas possible de les blâmer : car, en définitive, c'était une charge pesante, une responsabilité immense qu'il s'agissait de leur
faire accepter. Leurs engagements et leurs
vœux ne comprenaient point, du moins directement, un pareil dévouement. Aussi
l'abbé Jamet n'entreprit-il pas de lutter de
front contre une opposition dont il sentait et
redoutait le poids ; il savait qu'en pareil
cas, l'obstacle qui ne peut être levé par
une décision d'autorité, ne fait qu'augmenter par les efforts mêmes que la raison
tente directement pour le dominer. Mais il
sut trouver un moyen à la fois plus doux et
plus efficace ; c'était d'éclairer les consciences
et de toucher les cœurs. Il l'employa, et il
réussit. Chaque fois que, réuni avec ses Religieuses, il trouvait ou pouvait faire naître
l'occasion de parler de son projet, il leur
faisait envisager tout le mérite de l'acte de
charité qu'il s'agissait d'entreprendre ; il leur

représentait le divin Sauveur du monde,
dont elles s'honorent d'être les Filles et de
porter le nom, faisant du bien à tous les
malheureux, sans distinction d'âge ni de sexe;
il leur rappelait un mot de leur sainte Règle
qui les invite à faire le plus de bonnes œuvres
possibles ; il leur citait l'exemple de tant
d'autres Communautés de femmes qui se livrent, avec une charité admirable et sans
bornes, au soin de tous les malades.

D'autres fois il leur peignait l'état déplorable dans lequel gémissaient les hommes
malheureux que l'aliénation mentale avait
frappés. Objets de crainte et d'horreur, les
uns périssaient presque abandonnés dans des
espèces de cachots ou de basses-fosses où
ils étaient jetés ; les autres, confondus avec
les malfaiteurs dans les prisons, servaient
de jouet et de risée tout à la fois aux gardiens et aux détenus.

Souvent encore, portant ses regards sur
l'avenir de la Communauté, à laquelle il
avait voué un si vif intérêt, il faisait obser-

ver à ses Religieuses que dans le cas où elles ouvriraient un asile à ces infortunés, il en résulterait pour elles de très-grands avantages même temporels. Cette œuvre donnerait plus d'importance à leur maison, leur concilierait davantage la bienveillance des chefs de la ville et du département, les enracinerait plus profondément au sol sur lequel elles s'étaient fixées.

Enfin, allant même au-devant des objections des âmes les plus timorées, il ne manquait pas de dire et de régler, comme par avance, que pour tous les soins personnels, elles seraient suppléées et remplacées, auprès de leurs nouveaux infirmes, par des domestiques dont elles n'auraient que la surveillance.

Toutes ces observations, souvent et habilement présentées, produisirent leur effet sur celles des Religieuses qui avaient manifesté quelque répugnance. Bientôt la Communauté, réunie à cette fin, prit et signa à l'unanimité l'engagement de se charger du soin des hommes aliénés. Cette belle œuvre est en quelque sorte substituée à celle du pénitencier pour les *filles repenties*, dont les Religieuses du Bon-Sauveur avaient été primitivement chargées, et dont Monseigneur l'Évêque de Bayeux les avait déchargées depuis quelques mois seulement.

Cependant la divine Providence disposait toutes choses de manière à ce que l'entreprise dont l'abbé Jamet s'occupait avec tant de sollicitude fût bientôt menée à bonne fin. L'administration départementale, forcée de pourvoir à la séquestration des aliénés dangereux pour la société, n'avait point d'établissement spécial pour les recevoir ; les prisons étaient le seul asile ouvert à ces malheureux. Mais depuis longtemps on avait été frappé de l'immense inconvénient qu'il y avait à jeter ainsi des hommes malades et innocents dans l'odieux séjour destiné à la punition du crime. D'un autre côté, l'établissement du Bon-Sauveur où l'on soignait déjà des femmes, et qui commençait à pren-

dre à cette époque des développements remarquables, attirait naturellement l'attention du chef du Département, qui était alors
M. de Montlivault. Plein d'estime pour l'abbé
Jamet dont il connaissait personnellement
les rares et précieuses qualités, il l'avait
plusieurs fois engagé à créer au Bon-Sauveur un quartier spécial pour les hommes.
De son côté, l'abbé Jamet, ainsi que nous
l'avons vu, n'avait rien tant à cœur que le
succès de cette création ; et nous savons les
efforts qu'il avait faits auprès de la Communauté pour amener un heureux résultat.

Tel était l'état des choses, et la disposition des esprits, lorsqu'en 1818, l'administration départementale se vit forcée à retirer
de la maison centrale de Beaulieu les aliénés
qui y étaient renfermés.

Alors M. de Montlivault proposa directement aux Dames du Bon-Sauveur de fonder
pour eux un asile. Sa proposition fut accueillie ; mais les moyens d'une prompte
exécution manquaient encore.

Quand deux hommes comme M. de Montlivault et l'abbé Jamet se rencontrent sur le
chemin du bien, et que leurs efforts se réu-
nissent pour lever un obstacle qui les arrête,
bientôt la route aplanie leur a livré un facile
et large passage, et ils ont promptement
atteint leur but. L'abbé Jamet va travailler
dans le triple intérêt de sa Communauté, des
malheureux et du Département. La Communauté va se dévouer ; les malheureux vont
être soulagés ; il est juste que le Département, pour se libérer d'une dette sacrée,
fasse aussi quelque sacrifice. Le Chapelain
du Bon-Sauveur demande donc au Département, non pas qu'il fasse un don à la Communauté, mais qu'il consente un simple prêt
en sa faveur. Sa pensée profonde était de
ménager à ses Religieuses la plus grande
portion possible d'indépendance dans la formation de leur nouvel établissement. Il voulait qu'elles fussent maîtresses chez elles,
autant du moins qu'il était possible sans aller
contre les lois qui régissent tout le monde.

Trop souvent témoin des mesquines jalou-
sies, des fatigantes vexations auxquelles sont
en butte les Religieuses qui ont sacrifié
toute leur indépendance, il a toujours dirigé
ses efforts pour que le Bon-Sauveur fût libre
de ce qu'il regardait comme des entraves
non moins inutiles qu'incommodes. C'est pour
cette raison qu'il préférait un emprunt à tout
autre mode de secours : l'emprunt ne laissant plus aucunes traces, lorsqu'une fois la
reddition est effectuée.

Dans les circonstances présentes, M. de
Montlivault se chargea de présenter et d'ap-
puyer au sein du Conseil général une demande en faveur des Dames du Bon-Sauveur. Tout le monde eut bientôt compris et
la nécessité de la création nouvelle, et la
capacité des mains qui allaient l'entreprendre.
50,000 francs sont donc prêtés pour dix ans
et sans intérêt. Les conditions du prêt sont
stipulées ; le mode de remboursement est
fixé ; les fonds sont versés ; et l'abbé Jamet
est à l'œuvre.

D'après sa manière ordinaire de procéder,
50,000 francs lui suffisaient pour entamer
une entreprise de 100,000 francs. Il ne dé-
rogea pas, dans cette circonstance, à ses
procédés ordinaires. Bientôt ses plans furent
dressés ; et les travaux commencés sous sa
direction marchèrent rapidement. Il était à
la fois architecte, entrepreneur, j'allais
presque dire ouvrier : car il ne craignait
pas de mettre la main à tout, en cas de
besoin.

Il ne négligeait d'ailleurs aucun des
moyens que la prudence commande quand
on veut bien faire. Aussi prenait-il l'avis des
personnes les plus expérimentées dans l'art
de bâtir pour les aliénés, et surtout dans
l'art de les traiter médicalement. Il ne craignait pas de paraître ignorer, afin de mieux
apprendre. Plusieurs voyages à Paris, dans
le but de visiter les hospices d'aliénés, lui
laissèrent la conviction que l'on pouvait apporter des améliorations importantes à ce
qu'il y avait vu. Son courage et son espoir

augmentaient donc à mesure que les travaux se poursuivaient.

Cependant les fonds mis à sa disposition allaient s'épuiser, et les constructions nécessaires n'étaient pas encore achevées. Fort de la pureté de ses vues, et sûr du succès de son entreprise, il ne balance pas à croire qu'il trouvera encore dans l'administrateur éclairé qui est à la tête du Département, un homme qui lui viendra en aide. Il ne se trompait pas ; et pour la seconde fois, M. de Montlivault fait au Conseil général la proposition d'un nouveau prêt pour la même destination, et à peu près aux mêmes conditions que celui de l'année précédente. Le Conseil général appréciant pour la seconde fois la grandeur du bienfait qui se prépare pour le Département, et considérant l'immense avantage qui va résulter d'une si modique avance, s'empresse de mettre encore 40,000 fr., à titre de prêt, à la disposition des Religieuses du Bon-Sauveur. Alors les travaux se raniment. Dix-huit mois s'étaient à peine écou-

lés depuis le commencement de l'entreprise,
et déjà une construction vaste et commode se
dressait avec élégance, et ouvrait ses salles,
ses cellules et ses chambres à une cinquan-
taine d'aliénés. Un peu plus tard, les bâtiments
achevés s'ouvrirent à un plus grand nombre.

Alors un nouveau service s'organise dans
la Communauté pour le soin, la surveillance
et le traitement de ces infortunés ; et c'est
toujours l'abbé Jamet qui préside et pour-
voit à tout ; c'est de lui que partent tous les
conseils, tous les ordres ; c'est à son habileté qu'est laissé le soin de tout disposer,
de manière que le mouvement de ce nouveau rouage s'harmonise avec les anciens,
et s'exécute sans apporter aucun dérange-
ment à ce qui existait déjà.

Cependant les limites du Bon-Sauveur se
reculaient de tous côtés. De nombreux voisins offraient de vendre leurs propriétés à la
Communauté qui faisait chaque année quelque nouvelle acquisition.

Ce fut pendant le cours des travaux exé-

cutés pour les hommes aliénés, que l'abbé
Jamet fut nommé Supérieur de la Communauté du Bon-Sauveur, le 27 mars 1819.

Jusqu'à cette époque, il n'avait été que
simple Chapelain; mais ses fonctions, son pouvoir, son action, s'étaient, comme on l'a vu,
toujours étendus bien au-delà des attributions
de son titre. C'était l'homme providentiel du
Bon-Sauveur. On peut dire qu'il y régnait
en quelque sorte depuis longtemps, et chacun s'était spontanément soumis à cette heureuse domination. Les Supérieurs mêmes de
la Communauté qui s'étaient succédé depuis
que l'abbé Jamet s'y était fait, par son influence bienfaisante, une si large place,
étaient heureux de lui en laisser presque
tout le gouvernement. Ne demeurant point
d'ailleurs dans la maison, et occupés presque toujours de fonctions assez importantes,
ils se contentaient de visiter de temps en
temps le Bon-Sauveur, et d'encourager, en
l'approuvant, tout le bien qui s'y faisait.

Pour lui, il sentait le besoin de cette noble liberté d'agir sans laquelle l'homme le mieux intentionné, le plus éminemment doué des talents et des goûts qui mènent aux grandes choses, resterait perpétuellement dans la voie commune. Cette précieuse et sainte indépendance résulte, pour l'ordinaire, de la confiance et des encouragements dont les supérieurs hiérarchiques savent honorer à propos ceux qu'une bonne et forte volonté, révélée par d'heureux essais, leur fait apprécier comme devant contribuer à la gloire de l'administration qui les emploie, et au bien général de la société qui profite de leurs travaux. Presque toutes les œuvres auxquelles un dévouement pacifique et réfléchi a donné naissance, seraient éternellement restées à l'état de projet, ou même n'auraient jamais été conçues, si leurs modestes auteurs n'avaient eu la précieuse faculté d'agir ainsi selon l'impulsion de leur cœur, ou de leur génie, dans un cercle d'une étendue relativement proportionnelle au but qu'ils se proposaient.

Ce concours négatif, que nous appelle-
rions volontiers l'ambition des âmes humbles,
n'a pas manqué sans doute à l'abbé Jamet : car les cinq Évêques qui ont occupé
le siége de Bayeux pendant sa longue vie,
appréciant les talents et les vertus qui le dis-
tinguaient, l'ont jugé digne de leur confiance
et l'ont mis, ou laissé à même de poursuivre, comme il l'entendait si bien, la noble
et glorieuse mission que le ciel lui avait ré-
servée.

Mais c'est surtout à Monseigneur Brault
que les malheureux sans nombre, soulagés
dans l'asile du Bon-Sauveur par les soins de
l'abbé Jamet, doivent une éternelle reconnaissance : car c'est ce prélat qui le premier
a su non-seulement tirer de dessous le bois-
seau ; mais encore élever sur le chandelier
sacré la lumière que possédait son diocèse.
C'est lui qui le premier l'a investi sans réserve des pouvoirs les plus étendus, de la
confiance la plus illimitée, en un mot, qui
lui a ouvert une carrière si large, et a donné

une si puissante impulsion à sa marche,
qu'il eût été en quelque sorte impossible désormais de l'arrêter ou de la ralentir.

Lorsque l'abbé Jamet fut nommé Supérieur de la Communauté du Bon-Sauveur,
son zèle et ses soins redoublèrent encore
pour l'accroissement et la prospérité de l'É-
tablissement. Plus maître en quelque sorte
qu'il n'avait été jusque là, il songea à jus-
tifier le choix que l'on avait fait de lui, et à
répondre par une intelligente et féconde activité, à la confiance qu'on lui avait témoi-
gnée.

Il ne négligea rien pour mettre le Bon-
Sauveur en relief, et donner aux œuvres
spéciales qui s'y accomplissaient la plus
grande publicité possible. Il voulut que les
abords de l'Établissement fussent plus faciles
à tous ceux qu'y amènerait l'intérêt et la
sympathie pour le malheur. Il fut même
permis à la simple curiosité de ne pas toujours y demander en vain la satisfaction de
ses désirs. Des séances publiques données

de temps en temps, et dans lesquelles il faisait paraître ses nouveaux enfants d'adoption, les sourds-muets, excitaient vivement l'attention, et attiraient à la Communauté un grand nombre de personnes des classes les plus distinguées de la société. La maison du Bon-Sauveur, comme toutes les bonnes choses, gagnait infiniment à être vue de près; aussi les pensionnaires de toute espèce y affluaient-ils avec tant d'abondance que l'asile était toujours beaucoup trop étroit, quoiqu'il grandît toujours. C'est vraiment à dater de cette époque, que le Bon-Sauveur commence à entrer dans cette voie d'accroissement prodigieux qui, en moins de quinze ans, l'a placé à la tête de tous les établissements privés du même genre.

En même temps, l'abbé Jamet s'efforçait de procurer à ses Religieuses quelques-unes des pieuses jouissances qui pouvaient s'accorder avec la sainte austérité de leur profession. Précédemment, les cérémonies ordinaires du culte étaient à peine connues dans la Communauté. Sous ce rapport, presque rien ne distinguait le dimanche des autres jours de la semaine. Quelle que soit la gravité des motifs qui ont porté un certain nombre de nos ordres religieux à retrancher de leur liturgie le chant et les cérémonies en usage dans l'Église, l'abbé Jamet ne pouvait les goûter. A ses yeux, le culte extérieur et solennel doit avoir dans une Communauté, et surtout dans une Communauté comme celle du Bon-Sauveur, toute l'importance, toute la nécessité, tous les avantages qu'il a partout ailleurs. Il introduisit donc dans la célébration de l'Office divin, pour les jours de dimanches et de fêtes, les rits, les cérémonies, la pompe même dont l'ordonnance parle un langage si touchant aux yeux du chrétien. Des sourds-muets, dressés et formés par ses soins, remplissaient, et ont toujours continué de remplir, avec une grâce et un bonheur inexprimables, les diverses fonctions lévitiques, autour du saint autel.

Le nouveau Supérieur s'efforça aussi de

persuader à ses filles spirituelles que leur
Communauté n'était point pour elles une terre
d'exil; qu'elles n'étaient point là comme les Is-
raélites sur le bord des fleuves de Babylone;
qu'il ne fallait point que leurs lyres muettes
demeurassent suspendues aux saules du ri-
vage; mais que plutôt, réunies par la main de
Dieu dans la paix heureuse, dans la déli-
cieuse abondance d'une terre promise, elles
devaient faire retentir l'enceinte sacrée des
cantiques de Sion. Ses raisons furent facilement goûtées. Le chant fut donc joint aux cérémonies. Il voulut même que la douce et
puissante harmonie des orgues vint soutenir
et ranimer les voix ou trop faibles, ou trop
fatiguées des Sœurs, malgré l'opposition de
quelques-unes d'entre elles, naïvement per-
suadées que cette innovation serait contraire
à l'esprit religieux : comme si les chants sacrés n'étaient pas descendus du ciel, aussi
bien que la Religion, et ne devaient pas y
remonter avec nous, pour y demeurer à
jamais l'expression de notre éternel amour!

Vers ce temps-là, de concert avec Monseigneur Brault, ou plutôt par l'ordre de ce vénérable prélat, l'abbé Jamet s'occupa de mettre la règle de la Communauté en rapport avec les œuvres nouvelles qui venaient d'être adoptées, et d'y introduire les petites modifications que les circonstances avaient rendues indispensables. Depuis 1735, la règle du Bon-Sauveur n'avait point été réimprimée; et même l'édition d'alors n'était autre que celle qui venait d'être faite pour la Communauté du Bon-Sauveur de Saint-Lo (f), et à laquelle on avait simplement ajouté quatre ou cinq cartons.

Depuis cette époque si reculée, et surtout par suite de sa réorganisation, le Bon-Sauveur de Caen s'était beaucoup modifié. Le pénitencier pour les *filles repenties* était supprimé; les visites aux prisonniers étaient devenues à peu près impraticables; les sourds-muets des deux sexes, ainsi que les hommes aliénés, avaient été adoptés. Ces divers changements avaient exigé la création de nouveaux emplois dont il fallait fixer les attributions et les devoirs. Ce qui concernait le service si important des aliénés devait être surtout l'objet d'un règlement spécial. Il ne fallait pas seulement pourvoir au service des hommes ; mais encore à celui des femmes : car, chose remarquable, le livre primitif des règles et constitutions ne parle en aucun endroit des femmes aliénées, quoique toujours il y ait eu, au Bon-Sauveur, un certain nombre de ces infortunées depuis 1735.

L'abbé Jamet comprit que c'était à lui qu'il appartenait de remplir cette lacune ; et la manière dont il l'a fait nous révèle bien toute la charité, toute la sensibilité de son cœur.

C'est de la foi seule que devront prendre conseil les Sœurs employées au service des aliénés ; la foi leur découvrira, sous les dehors les plus dégoûtants, de véritables membres de Jésus-Christ qu'il faudra soigner avec l'attention la plus minutieuse ; pour le soulagement desquels il faudra consacrer géné-

reusement son temps, son repos, sa santé,
sa vie même : on ne devra reculer devant
aucunes peines, devant aucuns sacrifices,
pour leur être utile, pour leur épargner
des crises ou des douleurs. L'âme surtout de
ces infortunées victimes devra exciter la sollicitude des Sœurs. Elles prieront quelquefois avec leurs malades, s'il est possible ; et
pour leurs malades toujours. Vient ensuite
un détail touchant des précautions qu'il faut
prendre, des soins minutieux, des attentions nombreuses, des visites de jour et de
nuit qu'il faut leur prodiguer. En un mot,
ce sont les sentiments les plus tendres de la
famille, l'affection maternelle et l'affection
filiale, réglées et sanctifiées par la Religion,
qui doivent entourer sans cesse les malheureux aliénés confiés à la garde des filles du
Bon-Sauveur.

La sagesse prévoyante du Supérieur ne s'é-
tait pas portée avec moins d'empressement sur
ce qui pouvait contribuer soit à donner une
forme régulière à l'état civil des malades ad-

mis au Bon-Sauveur, notre législation n'ayant,
à cette époque, rien de spécial sur la matière ; soit à éclairer la science médicale,
bien jeune encore dans l'art de traiter
l'aliénation mentale, par des observations
nombreuses sur la marche de la maladie, l'effet des traitements... A ces fins, il avait prescrit
l'ouverture de plusieurs registres qui devaient
être tenus avec la plus grande régularité.

Cependant les travaux d'agrandissement
se poursuivaient sans relâche. Des acquisitions multipliées se faisaient de tous côtés.
Des constructions complémentaires et accessoires s'ajoutaient au quartier destiné aux
hommes aliénés (1819-20). Un édifice très-
considérable s'élevait à l'est de l'établissement pour les femmes aliénées (1820-22);
et presque en même temps on jetait du côté
de l'ouest les fondements d'un autre édifice
plus considérable encore en faveur des sourdes-muettes et des demoiselles pensionnaires (1823).

Mais toutes ces constructions déjà très-

vastes pour un établissement particulier, n'é-
taient que le prélude d'une construction bien
autrement importante, destinée aux femmes
aliénées, et pouvant contenir plus de trois
cents de ces infortunées (1824). Le quartier
connu au Bon-Sauveur sous le nom de
Sainte-Marie, présente un des édifices les
plus vastes que l'on voie dans la ville de
Caen. Sa construction, il est vrai, n'offre
aucune ornementation architecturale; mais
elle se fait remarquer par son immense développement, par l'harmonieuse simplicité de
ses lignes, et par les belles proportions de
ses ouvertures.

Pour donner à ceux qui n'apprécient les
choses que par le côté qu'ils appellent posi-
tif, une idée plus juste et plus précise de
l'importance du grand édifice élevé par l'abbé
Jamet, en faveur des femmes aliénées, et de
l'activité avec laquelle il en poursuivit les
travaux, nous dirons qu'il fut achevé en cinq
ans environ, et qu'il a coûté plus de six cent
mille francs !

On comprend, en le voyant, que l'abbé
Jamet s'est proposé de supprimer, autant
que possible, tout ce qui avait l'apparence
d'une maison de force, et de contribuer ainsi
à faire naître dans l'imagination des malades, la pensée, illusoire il est vrai, mais
bien douce cependant, qu'ils étaient plutôt
dans un palais que dans un asile d'aliénés.

Une observation qu'il n'est pas inutile de
placer ici, pourra, nous le croyons, aider
les amis de l'humanité à mieux apprécier la
part d'estime et de reconnaissance qui est
due à l'abbé Jamet; c'est qu'il a été l'un
des premiers, en France, à améliorer le système des constructions destinées aux infortunés atteints d'aliénation mentale. Un des
premiers il les a fait traiter comme des malades qu'il faut travailler à guérir et non pas
simplement séquestrer; comme des créa-
tures malheureuses sur le sort desquelles la
religion et l'humanité doivent faire autre
chose que gémir. Avant lui, et même encore de son temps, on n'attachait point

d'autres idées aux établissements d'aliénés
que des idées de prisons, de cabanons, de
loges.... Des guichets étroits, d'impercepti-
bles ouvertures en abat-jour, des liens et
des chaînes, tels étaient, presque partout,
les éléments indispensables des habitations
et de l'ameublement destinés aux pauvres
aliénés. L'abbé Jamet s'affranchit largement
des idées communes ; et, contre les conseils
même d'un des plus célèbres médecins d'a-
liénés que la France possédât alors, il
éleva les grandes constructions que l'on voit
aujourd'hui au Bon-Sauveur. Depuis, et
particulièrement de nos jours, cet heureux
exemple a trouvé de nombreux imitateurs.
Sur beaucoup de points de la France on
voit se dresser de magnifiques asiles pour
les aliénés. Charenton surtout, où les mil-
lions abondent, quoique peut-être une sage
entente n'y ait pas toujours présidé, offre
en ce genre quelque chose qui ressemble à
une véritable habitation royale. Mais nous
aimons à faire remarquer le simple prêtre

marchant en tête de cette grande amélio-
ration.

Nous ne dissimulons pas, toutefois, que
l'abbé Jamet dut payer encore comme une
sorte de tribut aux préjugés, dont cependant
il s'affranchissait: tant il est vrai que, dans
toutes les carrières où il s'engage, l'homme
ne s'élève au progrès que par degrés, et que
l'habitude constitue en nous une espèce d'entraînement fatal qu'il est rare de pouvoir complètement surmonter. Cette observation nous
explique comment il s'est fait que le fondateur
de la maison d'aliénés de Caen ait cédé, à son
insu, à quelques-unes des idées qu'il avait
si généreusement pris à tâche de combattre,
et comment il lui est échappé de laisser au
milieu des vastes constructions qu'il a fait élever des distributions reconnues maintenant
pour être vicieuses, des pièces trop resserrées, et dont la disposition serait susceptible
de quelques modifications plus heureuses. Le
temps, nous l'espérons, et l'expérience com-
plèteront ce qui manque au Bon-Sauveur

de ce côté là. Il n'y reste à faire que bien
peu de chose, comparativement à ce qui
s'y est fait sous la direction de l'abbé Jamet.
Sans doute il reste aussi quelque chose à
désirer dans l'organisation du travail et le
régime général suivi pour les aliénés ; mais
l'abbé Jamet a laissé, en mourant, son
Établissement en voie de progrès sous ce
double rapport ; et nous ne doutons nullement que les améliorations que nous si-
gnalons, et qui étaient profondément dans
les vues du fondateur, ne soient bientôt ac-
complies ; c'est en quelque sorte une dette
sacrée qui doit être payée à sa mémoire.
Alors la maison du Bon-Sauveur, réunissant
enfin pour le matériel, nous ne dirons pas
ce qu'il y a de plus symétrique et de plus
régulier, mais ce qu'il y a de plus satis-
faisant et de plus confortable ; et pour le
moral, ce qu'il y a de plus délicat et de plus
exquis dans le traitement et les soins pro-
digués aux malades, aura acquis un nouveau
degré de distinction, et de nouveaux droits à

l'admiration générale qu'elle excite dès maintenant à un si haut point.

Mais entraîné à la suite de notre infatigable constructeur, nous avons omis quelques détails d'un autre genre sur lesquels il est nécessaire de revenir.

Vers la fin de l'année 1824, l'abbé Jamet fut appelé aux fonctions de Recteur de l'Académie de Caen. Désirant asseoir en France l'éducation publique sur ses véritables bases, la foi et la morale, le gouvernement de la Restauration avait tenté un généreux effort pour combattre, par un heureux choix du personnel dans l'Université, ce que l'organisation originaire, et la législation imparfaite de ce grand corps enseignant, pouvaient avoir de contraire au but le plus important de l'instruction de la jeunesse.

Placé à la tête de l'Université, comme Grand-Maître, M. de Frayssinous sentit le besoin, pour marcher dans cette voie difficile de réforme, où il rencontrait de redoutables obstacles et de puissants ennemis, de s'aider du concours d'hommes profondément religieux, en même temps qu'ils étaient d'une capacité reconnue. L'abbé Jamet fut un de ceux sur lesquels il jeta les yeux. Les souvenirs de sa réputation, comme élève, puis comme membre de l'ancienne Université normande, de nouveaux titres littéraires obtenus par des travaux plus récents, et surtout les preuves qu'il avait données de sa haute capacité administrative comme directeur de l'établissement du Bon-Sauveur, déjà fort important à cette époque, tels furent les motifs qui dictèrent le choix de Mgr l'Évêque d'Hermopolis.

Sans se laisser éblouir par le côté brillant de la charge qui lui était offerte, l'abbé Jamet ne se dissimula point la pesanteur du fardeau qu'elle lui imposait, et il hésitait à l'accepter. Décidé toutefois par le bien qu'il espérait pouvoir faire dans cette importante position, et après avoir stipulé qu'elle ne l'arracherait point aux soins de la maison à laquelle il avait voué, avant tout, ses affections, il consentit à se charger des fonctions de Recteur.

Avant même d'en commencer l'exercice, il vit se remuer contre lui quelques passions hostiles et jalouses qui semblaient menacer son administration. La sévérité de mœurs bien connue du nouveau Recteur, l'inflexibilité de sa foi, la fermeté d'administration dont il avait fait preuve, purent faire naître dans certains esprits de secrètes appréhensions. Mais dissimulant leurs vrais motifs, ils se paraient d'un zèle apparent pour le bien public. N'était-ce pas, disaient ses adversaires, un grave inconvénient de voir à la tête des corps savants, surtout de la Faculté de droit, et de l'École de médecine, un simple prêtre qui n'était ni jurisconsulte, ni médecin?

Il se forma donc une sorte d'orage contre lui, dès la première nouvelle de sa nomination. Ce semblant d'opposition put l'affliger, mais ne le troubla pas. Prenant conseil de sa prudence, il se rendit à Paris pour recevoir directement les ordres du Grand-Maître, et s'assurer d'avance de son adhésion aux mesures qu'il pourrait être obligé de prendre pour faire taire les menaces de résistances. Son attitude à son retour, annonçant une résolution bien formée, des amis lui conseillèrent encore de prendre quelque délai, pour laisser à cette espèce de complot le temps de s'affaiblir et de se dissiper. Mais cet excès de prudence eût paru à l'abbé Jamet dégénérer en pusillanimité. Il rejeta donc toute idée de temporisation.

A l'un des professeurs des Facultés qui venait officieusement, le jour fixé pour la prise de possession, le prévenir de ce qui se tramait contre lui, le Recteur répondit : « J'irai ce soir même au conseil académique, j'irai seul, et je trouverai le conseil réuni ; car je l'ai convoqué. Dites aux membres que vous savez m'être le plus hostiles, que je ne suis l'ennemi de personne, et que je suis disposé à user envers tous de ménagements et d'égards. Mais quiconque manquerait au conseil aujourd'hui, trois jours plus tard n'en fera plus partie. — Mais si tous y manquent? — Tous seront remplacés. » Cette fermeté produisit son effet. Chacun se rendit à l'assemblée, où les choses se passèrent le plus paisiblement du monde.

Libre désormais dans son action, il apporta dans l'exercice des importantes fonctions qui lui étaient confiées, cette activité calme et réfléchie qui le caractérisait. Au milieu des soins nombreux et de toute sorte qu'il donnait à l'administration de l'Académie, et qui s'ajoutaient à ceux que lui imposait l'immense établissement dont il était le créateur, et qu'il dirigeait jusque dans les plus minces détails, vous le trouviez toujours libre, toujours maître du temps et des affaires, toujours prêt à s'occuper de celle dont vous veniez l'entretenir, comme si elle eût été la seule qui eût dû fixer son attention.

On sera bien aise de trouver ici, exposée par lui-même, l'idée qu'il se faisait des de-

9

voirs d'un chef d'Académie, et de l'esprit qui
devait animer les écoles. Voici ce qu'il disait
dans une petite allocution adressée à l'assemblée réunie pour la distribution des prix
au Collége royal, en 1823. « .... Faire fleu-
» rir à la fois la Religion, les bonnes mœurs,
» et les bonnes études; former des hommes
» vertueux dans les mains desquels le Mo-
» narque puisse, avec confiance, déposer
» un jour une partie de son autorité; des
» Français fidèles, qui, par leur attache-
» ment à l'auguste famille de nos rois, de-
» viennent l'appui du trône; des savants,
» qui, en cultivant les sciences, honorent
» et fassent régner les bonnes doctrines;
» des chrétiens dont les mœurs douces et
» pures, dont la foi solide et éclairée, im-
» posent silence à cette audacieuse et cou-
» pable philosophie qui, chez presque tous
» les peuples, a renversé le trône et l'au-
» tel, et fassent revivre parmi nous la re-
» ligion de nos pères, et ces vertus fortes
» et sociales qui firent des Français le peu-

» ple le plus religieux, comme le plus brave
» et le plus aimable de l'Europe : telle est
» la plus noble partie de la tâche qui m'est
» imposée.

» Et vous aussi, jeunes élèves, objet si
» cher de notre affection et de notre solli-
» citude, vous avez une tâche à remplir.
» Dieu, le Roi, vos parents ont des droits
» sur vous. Ne trompez pas leur attente ; et
» souvenez-vous que si, pour leur gloire et
» pour la vôtre, vous devez acquérir des
» connaissances, pour votre bonheur et pour
» celui de vos contemporains, vous devez
» accoutumer vos cœurs à la vertu.

» Ouvrez-les à ces impressions monar-
» chiques et vraiment françaises qui se pro-
» pagent aujourd'hui, et qui, dans le même
» amour, confondent, sans jamais les sépa-
» rer, le prince et la patrie.

» Soumettez de bonne heure au joug de
» la raison et de la foi les passions dont
» votre âge est trop souvent la victime, et
» qui sont d'autant plus dangereuses et plus

» funestes, qu'elles égarent en même temps
» qu'elles flattent et qu'elles séduisent.

» Par là, vous deviendrez des hommes
» intègres, vertueux, amis de l'ordre, de la
» justice et des lois; vous remplirez avec
» honneur les places importantes auxquelles
» vos lumières et vos vertus vous donneront
» lieu de prétendre; vous entendrez bénir
» votre nom; et c'est alors que vous jouirez
» de la plus douce récompense de vos tra-
» vaux, je veux dire de l'estime publique et
» de ce témoignage intime d'une conscience
» droite et sans reproche, que la religion et
» la vertu seules peuvent donner. »

Tel fut en quelque sorte le programme
de l'administration de l'abbé Jamet, comme
Recteur; et l'on peut dire qu'il s'y montra
constamment fidèle pendant les huit années
de son exercice.

Du reste, les réformes et les améliorations
qu'il introduisit ne furent signalées par aucune secousse, par aucune réaction violente.
Son esprit essentiellement juste, son caractère

non moins conciliant que ferme, ses vues
droites et pures, la bonté de son cœur et
l'aménité de ses manières, lui concilièrent
bientôt ceux mêmes qu'une prévention irré-
fléchie avait d'abord indisposés contre lui.

Si l'on entre dans le détail de ses actes,
et que, pour en bien juger l'ensemble, on
se reporte aux circonstances à travers lesquelles s'est accomplie son administration
rectorale ; si, comme cela est de toute justice, on lui tient compte des graves et impérieuses difficultés qui naissaient de la composition du personnel universitaire, et des
exigences de la politique, on sera forcé de
reconnaître qu'il fut loin de manquer d'habileté, et l'on avouera, au contraire, qu'il
montra autant de sagesse et de modération
que de zèle et de dévouement.

Si, au début de son administration, quelques-unes des mesures qu'il prit parurent
précipitées, on ne devra pas s'en étonner en
considérant qu'il n'était point alors secondé
pas des Inspecteurs qui pussent l'éclairer sur

le personnel, et lui fournir des renseignements propres à lui montrer l'exagération de
ceux qui lui parvenaient d'ailleurs. Un de ces
Inspecteurs, homme éminent comme litté-
rateur et comme poëte, regardait son titre
moins comme une charge et une fonction
publique, que comme une récompense dé-
cernée à son mérite littéraire. Il ne résidait
même pas au chef-lieu de l'Académie; il n'y
faisait que de rares apparitions. Ses visites
dans les colléges étaient courtes et superfi-
cielles; il n'en connaissait pas, et conséquemment il ne pouvait pas en faire connaître le personnel.

Son collègue n'était pas plus initié aux
connaissances spéciales que doit posséder un
Inspecteur, et n'était non plus que d'un faible
secours à l'abbé Jamet. Mais lorsqu'il fut
secondé par des collaborateurs plus propres
à leur emploi, et le prenant au sérieux, son
administration fut ce qu'elle devait être sous
tous les rapports.

Personne n'appréciait mieux que lui l'in-

fluence religieuse, morale et politique qu'exer-
cent naturellement les maîtres sur les élèves
qu'ils sont chargés de surveiller et d'instruire.
Il savait avec quel invincible entraînement
l'âme d'un professeur se révèle et se mani-
feste dans ses actions habituelles, dans ses
paroles, dans ses gestes, dans ses réticences
même, et jusque dans son silence. Il n'ignorait pas non plus avec quelle facilité l'âme
neuve encore des enfants s'imprègne de l'esprit, des pensées, des jugements, des con-
victions et des doutes de ceux qui sont placés
à leur tête, et qui les dominent, qui les sub-
juguent avec tout l'ascendant et tout le
prestige de l'autorité dont ils sont revêtus,
de la science qu'ils possèdent, des talents
qui les distinguent, de l'âge même et de
l'expérience qu'ils ont acquise. Aussi s'atta-
chait-il tout particulièrement à faire de bons
choix. Pour déterminer ses préférences, dans
cette opération si difficile et si délicate, il
aimait à prendre auprès des personnes sincèrement amies de la religion et des mœurs,

des renseignements sur les sujets qu'il appelait aux saintes fonctions d'instituteurs de la
jeunesse. Fut-il toujours heureux? Ne ren-
contra-t-il jamais l'erreur aux sources mêmes
où il devait, ce semble, puiser la vérité?
Son excès de confiance dans les personnes
qu'il croyait incapables de l'égarer ne le fit-
il pas se méprendre quelquefois? Ne trouva-
t-il pas d'ailleurs des figures habilement
couvertes du masque de l'hypocrisie? On
sait qu'il en est ainsi toutes les fois que la
vertu est en honneur. Nous ne dissimulerons
donc pas que l'abbé Jamet put être quelquefois trompé, que sa confiance fut quelquefois momentanément surprise.

Mais, afin de mieux étudier encore et
plus directement les hommes et les choses,
il fit ce que n'avaient point fait ses prédé-
cesseurs, il visita presque tous les colléges
du ressort académique. Ces visites le mirent
à même d'apprécier plus complètement le
mérite d'un certain nombre de fonctionnaires
de ces établissements, qui ont dû en grande

partie à cette circonstance l'avancement qu'ils ont obtenu.

Lorsqu'il avait jugé un de ses subordonnés digne d'être promu à des fonctions supérieures, il n'épargnait rien pour lui faire rendre justice ; soins, démarches, voyages, rien ne lui coûtait pour arriver à son but.

Aussi presque tous les choix qu'il fit ou qu'il fit faire, pour des places de quelque importance surtout, furent-ils convenables et heureux ; et pour ne signaler ici que les plus remarquables, il nous sera permis de faire observer que, des deux hommes qu'il plaça successivement à la tête du Collége royal de Caen, l'un a emporté, en quittant l'Université, tous les regrets des gens de bien, l'autre y occupe aujourd'hui le poste éminent auquel l'abbé Jamet semblait l'avoir comme désigné pour l'avenir. Il nous serait facile d'ajouter à ces exemples.

A peine entré dans ses fonctions, on le vit s'occuper avec sollicitude des besoins des Facultés et des Colléges. Le jour même de son installation, il proposa de renouveler les démarches qui avaient été faites précédemment dans le but d'obtenir une Faculté de Théologie et l'érection de l'École secondaire de Médecine en Faculté. C'eût été le moyen de compléter les établissements de haut enseignement de la ville de Caen, et de donner, autant que possible, à son Académie, l'importance et l'éclat de l'Université célèbre à laquelle cette Académie avait succédé.

Dans une audience particulière qu'il obtint du Roi, en 1824, l'abbé Jamet reçut, pour ces deux créations, des promesses; et conçut des espérances qui ne devaient pas se réaliser; mais ses instances réitérées et ses démarches actives pour d'autres créations eurent plus de succès : c'est à elles particulièrement que la Faculté de Droit a dû ses chaires de Droit Commercial et de Droit Administratif, et la Faculté des Lettres, sa chaire de Littérature grecque.

Ses efforts pour améliorer l'appropriation et le mobilier des anciens bâtiments du Col-

lége des Arts, qui venaient d'être affectés à
la Faculté des Sciences, ne furent pas non
plus infructueux. Il obtint de la Ville et de
l'Université des sacrifices, insuffisants sans
doute, mais qui ont permis d'attendre des
temps plus heureux.

Il s'associa avec intérêt aux démarches
qui furent faites, en 1827, pour obtenir l'é-
rection du Collége royal en collége de première classe; et si ces démarches n'obtinrent
pas dès lors un résultat désiré, c'est que
l'autorité supérieure ne voulut point, à cette
époque, admettre la condition qu'elle a con-
sentie en 1845 : à savoir que cette promo-
tion n'occasionnerait aucun accroissement
dans le prix de la pension. Recteur, Proviseur
et Professeurs se montrèrent, en effet, unanimes pour rejeter la faveur sollicitée d'a-
bord instamment, quand ils virent qu'on ne
voulait la leur accorder qu'au prix d'une
augmentation de cent francs dans le taux de
la pension à payer par les familles.

L'abbé Jamet seconda aussi de tout son

pouvoir les vues et les efforts du Proviseur,
qui demanda, obtint et fit exécuter dans les
bâtiments du Collége royal les réparations
et les travaux considérables qui ont tant
influé sur la prospérité de ce magnifique
établissement. L'autorisation d'entreprendre ces travaux rencontrait de graves obstacles : le Recteur contribua puissamment à les
aplanir.

Quelques personnes ont reproché à l'abbé
Jamet une mesure adoptée dans le début
de son administration à l'égard du Collége
royal. Nous voulons parler de l'exclusion
comme internes des élèves protestants. Cette
mesure s'explique cependant d'une manière
qui n'a rien de défavorable, si l'on réfléchit
que, dictée d'ailleurs par l'autorité supérieure, elle se combinait avec le projet d'as-
signer de préférence aux enfants de cette
catégorie un certain nombre de colléges,
afin qu'il fût plus facile de leur donner, sans
inconvénient pour les catholiques, et en
même temps avec plus d'avantage pour eux-

mêmes, les soins et les instructions religieuses
que réclamaient leurs parents.

Plus tard, du reste, l'expérience ayant
prouvé, par cet essai même, que ce système
avait aussi ses inconvénients, non moins
graves que ceux auxquels on avait voulu re-
médier, on revint à l'ancienne fusion, et le
Recteur autorisa avec empressement, en
1828, le Proviseur qui dirigeait alors le
Collége royal à ne point refuser l'entrée de
l'internat pour cause de religion.

C'est alors que furent établies, de concert
avec le Recteur, les règles qui sont, encore
aujourd'hui, suivies au Collége royal à l'é-
gard des élèves non catholiques, sans qu'il
ait fallu y rien changer depuis 1830. Preuve
assez remarquable, si déjà l'on n'en avait
tant d'autres, qu'en fait de vraie tolérance
et de ménagements de conscience, des Prêtres
éclairés, prudents et vertueux savent aller
aussi loin que l'exigent les lois les plus li-
bérales, et qu'ils ne s'arrêtent que là où la
conscience, les bonnes mœurs et la foi ont

posé des limites à jamais infranchissables.

Lorsqu'en 1828 parurent les trop célèbres ordonnances qui limitaient le nombre
des vocations ecclésiastiques, et rétrécissaient
si étrangement l'entrée du sanctuaire, en portant une mortelle atteinte aux droits des Evêques sur l'éducation qui peut se donner dans
leurs petits Séminaires, l'abbé Jamet fut sur
le point de donner sa démission, pour ne pas
prêter les mains à une mesure qu'il regardait comme illégale, et funeste aux intérêts
de l'Eglise. Cependant, d'après les conseils
de hauts et pieux personnages, il dut se déterminer à conserver son poste. Mais il ne
crut pas devoir se permettre de presser, en
ce qui le concernait, l'exécution littérale
de ces ordonnances; en sorte que les Evêques
de son ressort académique n'eurent qu'à s'ap-
plaudir de sa modération, et à se féliciter
de ne pas trouver en lui un rigoureux cal-
culateur du nombre de leurs élèves.

Dans l'audience particulière qu'il avait
obtenue en 1824, pour soumettre au Roi

les demandes dont nous avons parlé plus
haut, l'abbé Jamet avait mis sous les yeux
de Sa Majesté la déclaration que l'ancienne
Université de Caen avait faite en 1791, et
que l'Académie venait de faire réimprimer,
en l'accompagnant d'une adresse au Roi. Le
Prince, en accueillant l'une et l'autre avec
sa grâce accoutumée, se rappela, dans cette
circonstance, la lettre aussi flatteuse qu'honorable qu'il avait adressée, dans le temps,
au Recteur de l'Université, pour féliciter ce
corps d'un acte de loyauté si noble et si
courageuse.

Le nouveau Recteur sut se montrer le
digne héritier, ou plutôt le noble et con-
stant possesseur de ce généreux dévouement,
quand sonna l'heure d'une nouvelle épreuve
en 1830.

Inflexible à l'endroit des opinions politiques, plus inflexible encore à l'endroit de
la conscience, il n'hésita pas un instant à
prendre le parti de la retraite, comme un
grand nombre de fonctionnaires de tout rang,

dont le sacrifice, héroïque pour quelques-
uns, honorable pour tous, obtint l'approbation des partis les plus opposés.

L'abbé Jamet laissait l'Académie beaucoup plus florissante qu'il ne l'avait trouvée,
huit ans auparavant; et nous ne craindrions
point de soumettre le tableau abrégé que
nous venons de tracer de son administration
rectorale à l'appréciation de ses successeurs
mêmes, en invoquant leur témoignage comme
une imposante garantie de la vérité de notre
récit.

Par un effet inexplicable, mais habituel
des passions humaines, il arrive presque toujours que dans les troubles politiques, ceux
à qui nous avons fait le plus de bien de-
viennent nos plus ardents ennemis. Pendant
les jours de 1830, l'abbé Jamet ne pouvait
donc pas manquer de se voir en butte à la
calomnie. Aussi fut-il obligé de se tenir comme
caché pendant plusieurs semaines, pour éviter de donner lieu à des scènes déplorables.
On lui conseillait de s'enfuir; mais il s'y re-

fusa toujours, disant que la Communauté
était son meilleur asile.

Quelques mois plus tard, une aventure
burlesque au fond, mais pourtant fort désa-
gréable, vint encore troubler un instant son
repos. Il avait envoyé un domestique porter à un ami une modique somme d'argent
qu'il lui avait prêtée. La chose était bien
simple sans doute, et fort peu suspecte ; mais
où l'œil inquiet d'une police ombrageuse ne
sait-il pas voir des complots ! Le domestique
est arrêté à quinze kilomètres de Caen. On
veut à toute force en faire l'agent de quelque conspiration contre la patrie. Le pauvre
Jean a beau s'expliquer de son mieux ; il a
beau protester de son innocence, en présen-
tant à l'appui un air et un accent vraiment
inoffensifs, sa naïveté ne le sauve pas, et il
lui faut rentrer à Caen, sous bonne escorte.
Tout bien examiné, il reste probable, aux
yeux des agents de la police, que l'abbé Jamet entretient une correspondance secrète
avec Mme la Duchesse de Berri, et qu'il lui

fait passer de l'argent pour soudoyer des troupes. En conséquence, une visite domiciliaire est prescrite, et une fouille inutile est exécutée dans ses appartements et dans ses meubles.

Déchargé des embarras et des soins du rectorat, et entièrement rendu à la Communauté, l'abbé Jamet va désormais consacrer le reste de sa vie à son œuvre de prédilection. Nous ne le verrons plus occupé que de la régulariser, de l'affermir et de l'étendre. Déjà précédemment, et surtout pendant les dernières années de la restauration, il avait été plusieurs fois question de fonder des Communautés succursales du Bon-Sauveur; des démarches importantes avaient été faites; des arrangements même avaient été pris; puis toujours quelques circonstances imprévues avaient fait échouer ces tentatives. Enfin, en 1832, une colonie alla se fixer jusqu'à l'autre extrémité de la France, dans la ville d'Albi, département du Tarn.

Assez modeste à son début, cet établisse-

ment ne tarda pas à prendre un développement très-considérable. Son importance actuelle, l'importance plus grande encore qu'il
acquerra infailliblement dans un avenir très-
prochain, nous sollicite à en dire ici quelque chose. D'ailleurs, l'intérêt tout particulier que l'abbé Jamet lui a toujours porté,
la peine qu'il s'est donnée pour le rendre solide, les nombreux voyages qu'il y a faits,
la marche et la direction qu'il y a imprimées, en font à beaucoup de titres son ouvrage, et, sous ce rapport, il mérite une
place d'honneur dans cette Notice.

Il y avait à Albi une petite école de sourdes-
muettes, fondée, vers 1826, par M. l'abbé
Treilhou, maintenant chanoine de Sainte-
Cécile, avec le concours de M. Salvi Crozes,
riche propriétaire, habitant dans la même
ville. L'instruction des enfants était confiée
à une demoiselle venue d'Angers pour cet
effet; mais l'avenir de l'école n'était point
assuré tant qu'elle serait dans des mains
isolées. La réputation des Religieuses du

Bon-Sauveur de Caen, et le nom de l'abbé Jamet, avaient déjà été portés dans le chef-lieu du Tarn par Mgr Brault, précédemment Evêque de Bayeux, et alors Archevêque d'Albi, et par M. de Cazes, préfet du département. En effet, dès 1828, M. de Cazes désirant fonder une maison pour le traitement des aliénés de son département, avait ouvert une correspondance avec le Supérieur du Bon-Sauveur de Caen qu'il connaissait. Par suite de cette correspondance, il avait fait l'acquisition de la magnifique propriété nommée le Petit-Lude, où se trouvait un château servant autrefois de maison de plaisance aux Archevêques d'Albi. Il en faisait don à la Communauté du Bon-Sauveur, et promettait d'y ajouter encore des sommes assez rondes provenant, tant à titre de don qu'à titre de prêt, soit du département du Tarn, soit de deux départements voisins, soit du ministre de l'intérieur. Malheureusement la révolution de 1830, qui renversa tant de choses, vint aussi renverser tous ces projets. Mais la divine Providence qui sait toujours arriver à ses fins, lors même que les moyens les plus puissant au jugement des hommes viennent à faire défaut, prépara plus tard une autre ouverture pour le succès de cette œuvre primitivement manquée.

En 1832, M. Treilhou, justement persuadé que le seul bon moyen de donner de la stabilité à son école de sourdes-muettes était de la confier à une congrégation religieuse, se souvint de celle du Bon-Sauveur, sur laquelle il avait déjà compté lorsqu'il fut question de l'appeler à Albi, dans l'intérêt des aliénés. Après s'être concerté avec Mgr l'Archevêque, il écrivit directement aux Dames du Bon-Sauveur pour leur offrir sa chère et intéressante Ecole. Elles l'acceptèrent et allèrent presque immédiatement en prendre possession. Ce fut l'abbé Jamet qui les y conduisit. Elles trouvèrent un local charmant et où rien ne manquait; mais circonscrit dans des limites fort

étroites, ainsi qu'on le leur avait annoncé.
Du reste, elles furent accueillies comme des
bienfaitrices, ou plutôt comme des Anges
envoyés du Ciel.

L'abbé Jamet, chaque fois qu'il s'était
agi de l'établissement d'une succursale, avait
voulu, comme condition essentielle que, ses
Religieuses portassent où elles iraient toutes les bonnes œuvres de la maison-mère,
ou du moins qu'elles se ménageassent la
possibilité de les exercer avec le temps. Il
n'eût pas accepté l'offre la plus avantageuse
du monde, s'il y avait eu une clause exceptionnelle contre quelqu'une de ces œuvres.
Cette exigence l'a fait plusieurs fois re-
noncer à des projets d'établissement qui présentaient, d'ailleurs, des chances de succès.
On ne peut que louer cette exigence, ou
plutôt cette sage précaution, qui doit conserver à la Congrégation du Bon-Sauveur
son importance et sa spécialité partout où
elle s'étendra.

Sous ce rapport, la succursale d'Albi of-

frait à l'abbé Jamet tout ce qu'il pouvait
désirer. Mgr l'Archevêque avait à cœur
de voir dans son diocèse une maison du
Bon-Sauveur complète, qui lui rappelât
celle de Caen, qu'il connaissait si bien et
qu'il chérissait tant. M. le préfet du Tarn,
dont la sollicitude pour les aliénés de son
département s'était déjà révélée précédemment d'une manière si généreuse, partageait les vues et les désirs de l'Archevêque.
Les deux pieux donateurs, M. Treilhou et
M. Crozes, avides de faire le plus de bien
possible, et heureux de contribuer, pour
leur part, à doter leur pays d'un grand établissement de bienfaisance, non-seulement
ne mettaient aucune restriction à leur do-
nation, mais encore ils allaient au-devant
de tous les obstacles, le premier en acceptant la charge de Supérieur de la Communauté naissante, et le second en s'y dévouant
et y consacrant son temps, ses talents et ses
peines, sous le triple titre d'homme d'affaires, de bienfaiteur et d'ami.

Il avait suffi à l'abbé Jamet de s'être pré-
senté, dans le bon pays d'Albi, pour y conquérir la confiance et l'estime générales. La
Communauté qu'il venait y implanter, toute
vouée à des travaux de bienfaisance et de charité, était donc accueillie avec empressement;
aussi ne tarda-t-elle pas à y pousser des racines profondes. L'on peut dire que, fidèle
aux traditions de la maison-mère, la succursale d'Albi s'est promptement débarrassée
de tout l'attirail de son enfance. Le petit
local qui lui avait servi de berceau ne pouvait lui suffire longtemps. Là, en effet, il
n'y avait de place que pour une trentaine
de sourdes-muettes. Peut-être eût-on pu
s'étendre graduellement par des acquisitions
successives; mais ce mode ne répondait pas
au besoin que l'on éprouvait de grandir rapidement. D'ailleurs, on sentait la nécessité
d'éviter tous les inconvénients qui étaient
résultés, pour la régularité et la beauté de
la maison-mère, de ses acquisitions et agrandissements partiels. Heureusement le Petit-

Lude, précédemment acheté par M. de Cazes
au nom du Département, se trouvait toujours à vendre, le premier traité ayant été
résilié. M. Crozes, très-activement secondé
par M. Cayzac, alors Curé de Saint-Salvi et
confesseur des Religieuses, dont il est maintenant Supérieur, n'avait pas cessé un instant de convoiter cette belle propriété pour
la Communauté dont il servit si bien les intérêts depuis son arrivée dans le pays *(g)*.
Aussi, ne manqua-t-il pas d'en faire, de
concert avec M. Treilhou, l'acquisition pour
le Bon-Sauveur (1833).

Par une disposition toute providentielle,
la Communauté se trouva donc en possession du local qui lui avait été précédemment
destiné; mais elle y arrivait par une voie
complètement opposée à celle qui devait l'y
conduire primitivement. En effet, dans le
principe, le Département, par les soins de
M. de Cazes, donnait gratuitement aux Dames
du Bon-Sauveur la propriété qu'elles sont
obligées de payer aujourd'hui plus de 50,000

francs. Quelques années plus tôt, c'était l'œuvre des aliénés qui procurait aux sourdes-muettes le bonheur d'un asile à jamais durable ; aujourd'hui, ce sont les sourdes-muettes qui valent aux aliénés les Anges de la charité chrétienne, pour les soigner avec une tendresse qui leur avait été jusque là inconnue.

Il eût été difficile de trouver un local mieux approprié que le Petit-Lude aux besoins de l'établissement qui venait s'y fixer. Situation admirable, proximité de la ville, isolement entre des promenades publiques et des routes, étendue immense, terrain fertile et régulier, murs d'enceinte, tout était à souhait ; les constructions seules y manquaient. Néanmoins, il s'y trouvait encore quelques débris des anciens bâtiments, et notamment un château à l'italienne d'assez belles proportions, mais offrant peu de logement. Toutefois, avec des réparations assez minimes, la Communauté encore enfant put y tenir presque à l'aise. Mais bientôt elle grandit et elle dut songer à se bâtir une demeure

proportionnée à ses accroissements progres-
sifs.

Un homme plus timide et moins expéri-
menté que l'abbé Jamet n'eût pas osé proposer tout d'abord un plan vaste et complet
à une Communauté dont toutes les ressources
pécuniaires paraissaient devoir se borner à
une trentaine de mille francs. Ce n'était pas
seulement pour les Religieuses encore en
petit nombre qui composaient alors la nouvelle Colonie, et pour les sourdes-muettes
peu nombreuses aussi qu'il s'agissait de bâtir.
Un secret instinct, ou plutôt une sage et
prévoyante raison fondée sur ce qu'il connaissait de l'esprit et des besoins du pays,
faisait pressentir à l'abbé Jamet que le nouvel établissement était appelé à prendre un
grand développement. Il comptait sur deux
cents aliénés au moins; il espérait que le
nombre des Religieuses, dans un pays de foi
comme Albi, ne pourrait manquer de devenir considérable. Ses calculs approximatifs
sur les sourds-muets lui laissaient la con-

viction que, sous peu d'années, la classe
composée alors de vingt-cinq filles, aurait
presque doublé; et qu'une école de garçons
pourrait être ouverte avec succès. Il comptait beaucoup sur un nombreux pensionnat
de demoiselles pour l'éducation, et il en
donnait pour raison que des institutrices venues du nord de la France seraient éminemment propres à réformer l'accent trop bref
et trop prononcé qu'il remarquait dans la
prononciation des personnes mêmes dont
l'éducation avait été le mieux soignée; sans
compter que le contact de la gravité normande avec la vivacité méridionale lui semblait devoir tourner au profit de tous. Plein
de ces idées et de ces espérances, qui furent
généralement partagées par les personnes
intelligentes et généreuses que le Bon-Sauveur comptait déjà pour ses protectrices et
ses amies, il ne balançait pas à proposer
un plan de construction complet, mais que
l'on n'exécuterait que par parties et suivant
les ressources que l'avenir ménagerait.

Ce plan consiste en deux grandes masses de constructions convenablement séparées l'une de l'autre, pour qu'au besoin il n'y ait rien de commun entre leurs habitants. L'une est destinée aux aliénés des deux sexes, l'autre aux Religieuses et aux enfants qui reçoivent d'elles l'éducation.

Le quartier habité par les aliénés a pour centre l'ancien château du Petit-Lude, exhaussé d'un grand étage, et destiné au service commun pour les hommes et pour les femmes. Sa façade se prolonge de trente mètres en ligne droite par chaque bout; le côté de l'est étant pour les femmes placées dans l'asile par leurs familles, et celui de l'ouest pour les hommes. Deux ailes en retour d'équerre se déploient à droite et à gauche sur une ligne de quatre-vingts mètres chacune : c'est là que se trouvent les aliénés au compte du Département. Pour le partage des sexes, la grande cour intérieure, encadrée par toutes ces constructions, se divise en trois, au moyen de hautes murailles. Autour des cours extérieures s'arrangent des cellules destinées aux malades bruyants qui ne peuvent occuper ni des chambres, ni des dortoirs.

Quant au quartier destiné aux Religieuses et aux pensionnaires de diverses classes qui reçoivent l'instruction, il consiste dans un grand carré formant cloître à l'intérieur, et sur le côté oriental duquel une chapelle spacieuse vient se joindre à angles droits; aux autres côtés du quadrilatère se rattacheront au besoin des ailes en saillie pour les classes.

Toutes ces constructions sont à deux étages, d'une architecture simple, mais élégante, et pouvant sans contredit figurer avec distinction parmi les monuments d'utilité publique dont la ville d'Albi s'est enrichie depuis quelques années.

Les travaux de construction ont commencé en 1834 par une aile destinée aux femmes aliénées, mais dont une partie a dû être provisoirement occupée par la Communauté. La première pierre fut posée par

Monseigneur l'Archevêque d'Albi, en présence de l'abbé Jamet, de la Supérieure générale, et de MM. Treilhou et Crozés, fon-
dateurs. Depuis cette époque, les travaux
ont continué presque sans interruption avec
plus ou moins d'activité, suivant les ressources dont on a pu disposer. Aujourd'hui,
toutes les constructions destinées aux aliénés
des deux sexes sont à peu près achevées,
mais provisoirement partagées entre les diverses classes de pensionnaires dont l'établissement se compose ; déjà leur insuffisance est
accusée par la population toujours croissante
qui vient s'y presser sous la direction si sage et
si éclairée d'un Supérieur (M. l'abbé Cayzac,
vicaire-général du diocèse d'Albi,) qui sait
mieux que personne entrer dans les vues
et poursuivre les projets de l'abbé Jamet :
car il avait plus d'une fois reçu ses confi-
dences, dans les communications d'une amitié dont l'un et l'autre se félicitait et se
trouvait honoré.

Cependant l'établissement de la succursale

d'Albi fournit à l'abbé Jamet l'occasion d'exécuter un projet qu'il avait depuis longtemps
profondément à cœur, mais qui offrait de
sérieuses difficultés, car il s'agissait d'opérer
un changement très-important dans les Constitutions mêmes du Bon-Sauveur ; et comment porter la main sur des Constitutions ?
L'abbé Jamet était persuadé qu'un ordre
religieux, pour être solidement constitué,
pour marcher régulièrement, pour faire le
bien avec plus de certitude, pour conserver
son esprit primitif, devait être gouverné par
une Supérieure générale, et que les succursales devaient rester dans une dépendance
réglée de la maison-mère. Cette sorte de
centralisation, dont les hommes peuvent
abuser dans tous les ordres de choses, car il
n'est rien dont les hommes n'abusent, sagement appliquée aux ordres religieux, leur
donne ce caractère d'unité admirable que
Jésus-Christ lui-même a donné à son église,
en la fondant sur ces mêmes bases ; avec
cette différence toutefois, que le fondateur

divin, résolvant le problème insoluble aux
hommes de la liberté sous l'autorité, à tous
les dégrés de l'échelle hiérarchique, a su
imprimer à son œuvre un caractère de fra-
ternité qui ne se trouvera jamais dans les
institutions purement humaines.

La Communauté du Bon-Sauveur de Caen
n'ayant fait encore aucun établissement avant
celui d'Albi, il n'avait pas été possible, surtout il n'aurait pas été prudent de soulever
prématurément la question de maison-mère,
et d'essayer de lui donner une solution définitive. Mais, à cette époque, le Ministre
de l'Intérieur et des Cultes, prenant en quelque sorte l'initiative, et posant lui-même la
question, dont la demande en autorisation
de la maison d'Albi avait fait naître la nécessité, l'abbé Jamet entra promptement dans
la voie qui lui était ouverte. Regardant cette
circonstance comme vraiment providentielle;
persuadé qu'il allait être le canal d'une précieuse faveur du Ciel sur la Communauté;
fortifié par les avis de M. Paysant, appelé

depuis au siége épiscopal d'Angers, et alors
Grand-Vicaire de Bayeux; et sûr des intentions de Mgr Dancel, avec lequel il s'était
concerté, il présente à ses Religieuses l'af-
faire dont il s'agit sous son véritable point
de vue; leur montre les avantages qui résul-
teraient pour elles d'une modification dans
leurs Statuts; recueille les avis de toutes les
Sœurs, qui sont unanimes; rédige alors, en
onze articles, les nouveaux Statuts de la
Congrégation du Bon-Sauveur, qui reçoivent
successivement l'approbation de l'autorité
épiscopale, la vérification du Conseil d'E-
tat et la sanction royale. L'adhésion des
Sœurs provisoirement établies à Albi était
nécessaire; elles la donnèrent pleine et entière; et leur Etablissement reçut du gouvernement l'autorisation définitive et l'existence légale, le 16 mai 1834.

Ce jour fut un jour de bonheur pour
l'abbé Jamet. Sa Congrégation avait enfin
toute la solidité qu'il travaillait depuis longtemps à lui donner. Les succursales avaient

dans la maison-mère un point d'appui, une ressource infaillible; et la maison-mère pouvait espérer, qu'en cas de besoin, elle trouverait dans ses succursales autant de sources fécondes où elle puiserait de nouveaux éléments de vie et de force.

Cependant, il se présenta bientôt une occasion d'ériger une nouvelle succursale du Bon-Sauveur. L'abbé Jamet la saisit avec empressement. Moins importante pour le présent et pour l'avenir que la maison d'Albi, celle de Pont-l'Abbé ne laisse pas néanmoins d'offrir un véritable intérêt, et par les circonstances qui se rattachent à sa fondation, et par le bien qui s'y fait déjà.

Une dame bien connue dans le monde par la noblesse de son origine, par l'illustration de ses aïeux, par ses richesses et par ses vertus, Mme Feuillie de Riou, née d'Aigneaux, ayant perdu son époux, vivait indépendante et tranquille dans l'antique et célèbre château de l'Ile-Marie, au centre de la fertile vallée du Cotentin. Déjà un peu avancée en âge, à la tête d'une des plus belles fortunes du pays, entourée de nombreux amis, il semblait qu'elle n'avait rien à souhaiter en dehors de cette vie paisible qui lui laissait le loisir et lui fournissait en abondance les moyens de satisfaire sa noble et pieuse inclination à soulager toutes les douleurs, à subvenir à toutes les infortunes de la contrée.

Mais il manquait quelque chose à cette âme altérée de son Dieu. L'idée d'une consécration religieuse la tourmentait, pour ainsi dire, ou plutôt s'offrait continuellement à elle sous la douce image du véritable bonheur. Elle sentait, à la vérité, que ses longues habitudes, devenues comme une seconde nature, ne pourraient peut-être jamais se plier et se confondre dans la rigoureuse et immuable invariabilité des exercices et des usages réglés et uniformes d'une Communauté. Mais une âme généreuse ne recule pas devant un obstacle sans avoir essayé de

le surmonter, quelque redoutable qu'il paraisse. Si donc Mme de Riou ne peut être
religieuse dans toute la force du mot, du
moins elle en approchera le plus près possible, et pour suppléer ce qui lui manque,
elle se fera fondatrice d'une Communauté.
Mais c'est une Communauté vouée aux œuvres de charité qu'elle veut établir. On lui
parle du Bon-Sauveur; elle s'y intéresse; elle
s'y affectionne. Par l'entremise de Monsieur
l'abbé Delamarre, naguère Chapelain au
château de l'Ile-Marie, maintenant Vicaire-
Général de Coutances, Madame de Riou
entre en relation avec l'abbé Jamet, lui fait
part de ses projets, et le prie de les faire
connaître aux Religieuses du Bon-Sauveur.
Tout ayant été considéré, pesé de part et
d'autre ; les supérieurs ecclésiastiques de
Coutances et de Bayeux ayant été consultés,
il fut décidé qu'une succursale du Bon-Sauveur serait établie dans le petit bourg de
Pont-l'Abbé, dépendant de la commune de
Picauville, située entre Valognes et Coutan-

ces. Les formalités prises, en ce qui concerne
les autorités civiles et administratives, et les
autorisations reçues, l'abbé Jamet conduisit
et installa ses Religieuses dans leur nouvelle
succursale, en février 1837.

Des privations et des sacrifices de plus
d'une espèce, et tels que Dieu en ménage à
toutes les œuvres qui naissent à l'ombre de
la croix, durent accompagner et consacrer
les commencements de celle-ci. Néanmoins
elle s'affermit. Bientôt il ne suffit pas à Madame de Riou de voir que l'on faisait des
œuvres de charité en son nom; mais prenant
un rôle plus actif, elle veut quitter son château de l'Ile-Marie pour habiter au sein de
de la Communauté naissante! Il lui manque
encore un habit religieux pour être à l'unis-
son de ses filles adoptives : eh bien, elle l'aura!
La résolution en est prise; le jour en est fixé.
Qu'elle fut touchante cette cérémonie, présidée par Mgr l'Évêque de Coutances! En
effet, l'on avait sous les yeux un de ces admirables et solennels renoncements dont le

Christianisme seul conserve le privilége de
donner au monde le spectacle : car lui seul
a pu apprendre aux hommes de tous les âges
et de toutes les conditions, à fouler aux pieds
les grandeurs, les richesses, les plaisirs de
la terre, pour embrasser les abaissements,
la pauvreté, les opprobres de Jésus-Christ.

Ce pas une fois fait, il fallut, malgré les
résistances de son humilité, en faire un dernier, et il conduisit la généreuse fondatrice,
quoique non liée par les vœux ordinaires de
la Religion, à la supériorité du petit couvent
qui lui doit l'existence.

Voulant que son œuvre fût digne de son
nom, et surtout qu'elle répondît à l'insatiable
besoin de charité qu'elle éprouvait, la nouvelle Supérieure n'a cessé de travailler à l'a-
grandissement de sa Communauté. Déjà des
constructions importantes, au milieu desquelles domine une grande et belle Église,
ont été faites par ses soins et sous sa direction ; tandis que le nombre des Religieuses
s'accroît dans la Communauté, que des pau-

vres et des malades y sont soignés, que des
enfants y reçoivent l'éducation, et que vingt-
cinq sourds-muets des deux sexes y sont instruits.

Une seule chose est à regretter pour cette
intéressante fondation, c'est que l'on n'ait pas
choisi une localité plus avantageusement située, et qui fût le centre d'une population
plus nombreuse. Nous ne sommes plus au
temps où les Communautés, richement do-
tées, et n'ayant pour but que d'offrir aux
âmes pénitentes et contemplatives un lieu
solitaire pour méditer et prier, pouvaient
indistinctement s'établir partout où bon leur
semblait, sûres de prospérer également sans
aucun concours étranger. Il faut aujourd'hui
dans les cloîtres une religion plus active,
plus en rapport, si l'on peut ainsi parler,
avec l'esprit et les besoins de la société actuelle. D'ailleurs, un établissement dont le
but essentiel et principal est de travailler
au soulagement des infirmités humaines et à
l'éducation de la jeunesse, doit, avant tout,

choisir le lieu où il fixera sa tente, de manière à ne manquer ni d'aucun des secours
dont il aura besoin, ni d'aucun des éléments
de vitalité qui lui seront nécessaires. Ces
réflexions avaient souvent préoccupé l'abbé
Jamet, et il les avait plus d'une fois mani-
festées ; mais, d'un autre côté, il conservait
la pensée que la succursale de Pont-l'Abbé
pourrait, à raison de son rapprochement de
la maison-mère, s'alimenter en quelque sorte
du surplus de celle-ci, et offrir comme une
habitation isolée soit à des malades, soit à
des convalescents pour lesquels un changement de local pourrait être salutaire. Du
reste, il se plaisait à visiter souvent cette
Communauté, à laquelle il portait toute
l'affection d'un vieux père pour le plus jeune
de ses enfants.

Ces deux succursales sont, jusqu'à présent,
les seules qui se rattachent à la maison-mère
du Bon-Sauveur de Caen. Il faut espérer
que cette utile Congrégation prendra de
nouveaux et de plus amples accroissements,

et que des malheureux, en plus grand nombre, trouveront, dans les attentions de la charité, un adoucissement à leurs peines.

Nous avons pris l'engagement de revenir à l'école des sourds-muets, pour achever de faire connaître ce que le zèle généreux de son fondateur lui a inspiré en faveur de ces aimables enfants, auxquels nous avons, nous aussi, voué depuis longtemps une affection et des soins qui font notre bonheur.

Pendant les huit années de son rectorat, l'abbé Jamet s'était vu dans la nécessité de prendre sur le temps qu'il consacrait auparavant à ses chers enfants d'adoption, pour le donner aux affaires si importantes de sa charge publique. Il pouvait, à la vérité, se reposer des soins de son institution sur la bonne volonté des Religieuses qui l'avaient adoptée, et sur le zèle du Chapelain qui lui prêtait son concours. D'ailleurs, profitant de tous les instants qu'une prodigieuse activité lui permettait d'économiser, sans que son administration rectorale en souffrît, il trouvait moyen de visiter assez fréquemment la classe et de prendre encore quelque part à l'enseignement. Néanmoins il y eut, à cette époque, sinon un temps d'arrêt, du moins un peu de retard dans le travail de perfectionnement de sa méthode. Les sourds-muets et tous les véritables amis du progrès dans l'art trop arriéré encore de les instruire, tout en se félicitant de voir le fondateur de l'École de Caen élevé à une dignité qui ne faisait que rehausser et mettre en relief son mérite personnel, ont dû regretter de le voir engagé dans une carrière qui le tenait un peu à l'écart, au moment même où il eût fait le plus grand pas en avant dans celle où l'avait conduit d'abord la main paternelle du Dieu qui n'abandonne aucun de ses enfants. A la vérité, il reprit en 1830 la direction de l'enseignement; mais ce ne fut que pour un temps malheureusement trop court. Les années s'accumulaient rapidement sur sa tête, et il lui devenait d'autant plus difficile de pourvoir à tout par lui-même,

que le nombre des élèves allait sans cesse
en augmentant. Alors, il est vrai, le nombre
des Chapelains fut augmenté aussi, et porté
jusqu'à quatre. L'abbé Jamet voulut qu'il y
en eût un spécialement attaché à chaque
classe. Il jugeait, avec raison, la présence
d'un homme nécessaire dans une école de
sourds-muets. Les femmes, quel que soit
d'ailleurs leur zèle, leur aptitude pour l'enseignement, leur supériorité même sur les
hommes, lorsqu'il s'agit d'entrer avec les
enfants dans des détails minutieux dont la
simplicité nous rebute, ne sont ordinairement pas assez instruites, et surtout manquent de ces vues d'ensemble vraiment indispensables pour coordonner toutes les parties de l'enseignement.

Pour lui, pendant qu'il assurait ainsi l'a-
venir de son École, il ne négligeait d'ailleurs
aucun des essais qui pouvaient contribuer à
améliorer le sort des sourds-muets. Sachant
que dans plusieurs institutions, surtout en
Allemagne, on fait beaucoup usage de la

parole, soit comme moyen d'enseignement, soit comme moyen de mettre le sourd-muet instruit en communication avec les autres hommes, il ne voulut pas rester en arrière sous ce rapport. Il entreprit donc de donner à plusieurs sourds-muets des leçons d'articulation artificielle. Il réussit pour un certain nombre; mais son succès même lui fournit la preuve incontestable que la méthode vocale ne peut être, dans une école où l'enseignement se donne en français, le moyen unique et universel d'instruire les sourds-muets. Il ne fit donc d'essais que sur des élèves déjà instruits; et il n'employa point la parole comme moyen principal et primitif d'instruction, ainsi que cela se pratique généralement dans un grand nombre d'écoles allemandes.

Après avoir donné à ses élèves quelques explications sur les principaux organes vocaux, la langue, les dents, les lèvres, il procédait de la manière la plus simple et la plus vulgaire, en commençant par le son des

voyelles, qu'il divisait en trois séries de chacune quatre sons.

1re Série : *a*   *è*   *é*   *i*.

2e Série : *ou*   *o*   *eu*   *u*.

3e Série : *on*   *an*   *un*   *aín*.

Il expliquait le jeu des organes dans l'articulation de ces diverses séries ; puis passant
aux consonnes, il les groupait en autant de
séries qu'il se trouve de lettres dont l'articulation demande à peu près la même position
des organes. Il en avait adopté sept.

Nous n'entrerons pas dans le détail des
procédés au moyen desquels il enseignait à
ses élèves la manière de faire entendre le
son et l'articulation propre à chaque combi-
naison de lettres. Nous nous contenterons de
dire qu'un pareil enseignement est une œuvre de patience, et pour celui qui enseigne,
et surtout pour ceux qui apprennent. En effet, les premiers essais de prononciation artificielle sont tellement pénibles pour les
sourds-muets, que souvent la fatigue qu'ils
éprouvent leur donne un dégoût invincible

pour la parole. On a vu quelquefois des enfants demander grâce après une heure de leçon ; leur langue restait immobile dans leur bouche. Cependant l'expérience paraît avoir démontré que l'exercice de la parole, habilement ménagé, dans les commencements surtout, était très-salutaire aux sourds-muets, et fortifiait leur poitrine en développant en eux les poumons et les autres organes de la respiration, par les efforts qu'ils font pour y introduire et pour en expulser l'air sonore.

Deux ans environ ont suffi à l'abbé Jamet pour mettre un élève, sourd-muet de naissance, en état de faire très-intelligiblement une lecture en français, ou en latin, ou en italien, et de soutenir une conversation. Toutefois, il n'est pas parvenu jusqu'à rendre à la voix de ses élèves le moelleux et la souplesse de la voix des personnes qui entendent.

Cependant, l'abbé Jamet ne se bornait pas à donner l'instruction à quelques sourds-

muets; il s'occupait aussi des moyens d'en
réunir dans son école le plus grand nombre
possible, et de leur procurer tout le bien-être,
même matériel, que l'on peut désirer pour
des enfants chéris. C'est dans ce but qu'il
engagea les Religieuses à faire construire
pour les garçons un édifice dans lequel on
pût en recevoir jusqu'à soixante-dix ou quatre-vingts. M. Target, alors préfet du Calvados, en posa la première pierre en 1836.
Ce magistrat était pénétré de vénération et
d'estime pour l'abbé Jamet : aussi, dans une
allocution pleine de chaleur qu'il prononça à
cette occasion, prodigua-t-il à celui qu'il
appelait le fondateur du Bon-Sauveur, les
éloges les plus flatteurs. « ..... En ne cher-
» chant qu'à faire une chose utile, lui di-
» sait-il, vous avez fait une chose glorieuse!
» Le temps qui nous brise, qui nous efface
» tous et si vite, respectera le nom du fon-
» dateur de ce magnifique asile ! Continuez
» pendant longues années de présider à sa
» destinée; pendant longues années, conti-

» nuez de l'accroître, jusqu'à ce qu'il ré-
» ponde à votre pensée plus complète qui
» l'agrandit toujours..... C'est le vœu que
» j'exprime du fond de l'âme, comme ci-
» toyen, et aussi au nom du Gouvernement,
» comme premier administrateur du beau
» département qui profite et s'énorgueillit
» de vos travaux. »

Peu de temps après l'achèvement de cet
important édifice, on y ajouta des ateliers
de menuiserie, de cordonnerie, de tisseran-
derie et de tour, ainsi qu'une salle pour le
dessin. Enfin, pour contribuer au développement physique et musculaire des élèves,
en même temps que l'on travaille à leur éducation intellectuelle et morale, un gymnase
est venu compléter la somme des sacrifices
faits au Bon-Sauveur, par les soins de l'abbé
Jamet, en faveur des jeunes sourds-muets.

On ne sera pas surpris que la réputation
du fondateur de l'Ecole du Bon-Sauveur ait
attiré auprès de lui plusieurs personnes, qui
sont venues se faire ses disciples et récla-

12

mer de lui des leçons dans l'art d'instruire
les sourds-muets. Il mettait, avec une complaisance infinie, tout ce qu'il possédait à la
disposition de quiconque le consultait ; heureux de contribuer ainsi à l'extension d'une
œuvre si utile, si éminemment chrétienne
et philanthropique. Indépendamment des
deux Ecoles d'Albi et de Pont-l'Abbé, fondées directement dans les succursales du
Bon-Sauveur, on en compte en France
quatre autres, issues indirectement de celle
de Caen. Bientôt une cinquième doit être
fondée, par une Communauté religieuse,
dans la capitale de l'Irlande. Deux Sœurs,
venues exprès de Dublin, avec deux jeunes
sourdes-muettes, font en ce moment leur
apprentissage au Bon-Sauveur. Cette institution offrira d'autant plus d'intérêt qu'elle
sera la première et la seule institution ca-
tholique des trois royaumes unis de la
Grande-Bretagne.

Cependant l'abbé Jamet s'occupait toujours des diverses parties de son vaste Eta-

blissement. Des constructions nouvelles, des
réparations considérables, des agrandissements continuels se faisaient sur tous les
autres points de la maison, soit en faveur
des Religieuses, soit en faveur des aliénés
des deux sexes. Enfin de grands murs d'enceinte commençaient à se déployer autour
des vastes jardins du Bon-Sauveur et faisaient de ce bel asile comme une petite ville
à l'une des extrémités de la ville de Caen.

Au milieu de cette prospérité sans cesse
croissante, l'abbé Jamet fut, en 1837,
l'objet d'une fête qu'il n'est donné qu'à un
petit nombre de vieillards privilégiés de célébrer, et qui, sous la joie qu'elle inspire,
cache toujours un côté plein d'enseignements
graves, et propres à jeter au cœur de tristes
appréhensions. C'était le cinquantième anniversaire de son ordination. Des amis nombreux se réunirent, en ce jour, autour de
lui, pour le féliciter du chemin qu'il avait si
glorieusement parcouru; pour louer en commun la divine Providence qui avait si libé-

ralement béni ses efforts ; enfin pour faire
des vœux en sa faveur. A cette occasion, un
gracieux petit monument, dont toutes les
pièces avaient été préparées à son insu, fut
élevé en quelques heures, et comme par en-
chantement, dans un des jardins de la Communauté. C'est une statue du Bon-Sauveur,
dont l'abbé Jamet fut si bien l'image et le
représentant pendant toute sa vie, par ses
vertus et ses travaux. L'attitude, l'air de
tête et le geste expriment cette sentence si
tendre et si touchante du saint Évangile:
*Venez à moi, vous tous qui souffrez, et je
vous soulagerai.* Sur les faces du piédestal
qui supporte la statue, on lisait ces mots
qui n'appartiennent en propre qu'à Jésus-
Christ: *Laissez venir à moi les petits enfants...
Il a bien fait toutes choses; il a fait entendre
les sourds et parler les muets.... On lui ame-
nait les paralytiques, les lunatiques et il les
guérissait.*

Rien ne pouvait mieux peindre la sollicitude continuelle de l'abbé Jamet pour ses

Religieuses, pour les enfants, pour les sourds-
muets, pour les insensés, pour les malheureux de toute espèce, au bonheur desquels
il a voué tous les instants de sa vie. Aussi la
pensée qui avait guidé dans le choix de cette
pieuse allégorie, fut-elle saisie et goûtée
par tout le monde.

Trois ans plus tard, et dans une circonstance toute semblable, une statue de la
sainte Vierge fut érigée en face de celle du
Bon-Sauveur, à l'occasion du cinquantième
anniversaire de profession religieuse de la
vénérable Supérieure qui, pendant dix-huit
années presque consécutives, seconda si
bien, par un concours aussi intelligent que
docile, les vues et les plans de l'abbé Jamet
pour l'accroissement de la Communauté.

Après la célébration du cinquantième anniversaire de son ordination, le vénérable
chef du Bon-Sauveur, quoique travaillant
toujours à son œuvre avec tout le zèle que
lui laissait une vieillesse assez robuste,
commença à se décharger de presque toute

la partie active de ses fonctions sur l'un des Chapelains de la Communauté, que des liens étroits de parenté lui rendaient particulièrement cher. Appelé à ses côtés depuis quelques années, déjà formé peu à peu à son école, initié à ses desseins et marchant à sa suite d'un pas inégal, mais heureusement soutenu par un si bon maître, il se sentait encouragé à faire, sous une direction si précieuse, l'essai de ses propres forces : et la tendresse du fils adoptif doublait encore la force du collaborateur.

Cependant le Bon-Sauveur n'avait pas, à beaucoup près, atteint son entier développement, quoiqu'il eût successivement accru son domaine d'une valeur de 10 à 12,000 francs environ, chaque année, depuis plus de trente ans. En 1839, une acquisition nouvelle doubla presque sa superficie, et ajouta aux maisons isolées et fort jolies qui existaient déjà, pour les aliénés de familles distinguées, un élégant petit château, avec ses jardins et dépendances. Malheureuse-

ment une rue le séparait du reste de l'établissement ; mais une double voie d'acces-
sion, au-dessus et au-dessous de la rue,
ayant été obtenue, plus tard, de l'administration municipale, ce qui était d'abord un
inconvénient, est devenu un agrément de
plus, pour cette gracieuse habitation.

L'abbé Jamet jouissait paisiblement du
fruit de ses longs travaux, lorsqu'en 1840,
une violente attaque de paralysie vint su-
bitement le saisir et le terrasser. Le 9 mai,
étant en chaire et prêchant sur la grandeur
et la gloire de la très-sainte Vierge, il tomba
presque immobile vers la fin de son instruction. Emporté dans nos bras au milieu du
trouble et des larmes de toute sa Communauté réunie autour de lui, il reçut les soins
les plus empressés ; mais le mal fit de si rapides progrès que dans peu de jours on avait
perdu tout espoir de guérison. Cependant de
ferventes prières furent adressées au ciel,
pour la prolongation d'une vie si précieuse
encore. Marie surtout, au service de laquelle

il était, pour laquelle il combattait, fut instamment invoquée. Il paraissait comme impossible que cette tendre mère n'obtint pas de son divin fils au moins quelques années d'existence pour l'un de ses plus zélés serviteurs. Une si ferme espérance ne fut pas trompée. Après deux semaines d'une immobilité presque absolue, le vénérable malade commença à reprendre peu à peu l'usage de ses membres; et bientôt il fut rendu à la vie. En mémoire de cette heureuse guérison, une chapelle fut immédiatement construite et dédiée sous le vocable de saint Joseph. L'abbé Jamet lui-même put en poser la première pierre le 29 juin. Une inscription placée à l'intérieur atteste le motif de son érection. Ce petit édifice aux proportions élégantes, offre dans son ensemble l'image d'une basilique en miniature. Il est destiné aux hommes aliénés, et aux nombreux domestiques employés dans l'établissement.

Par suite d'une si profonde commotion dans les plus nobles organes de la vie, l'abbé

Jamet fut dans l'impossibilité d'entreprendre aucuns longs voyages, et il cessa à peu près entièrement de prendre une part active au gouvernement et aux affaires de la maison. Mais l'impulsion était donnée, et il suffisait de sa présence pour que tout continuât à marcher sans interruption, et avec toute la rapidité, toute la régularité ordinaires. Plût à Dieu que cet état de choses, quoique laissant beaucoup à désirer, eût pu durer long-temps encore! Il reculait du moins une iné-vitable catastrophe, et favorisait le dévelop-pement des idées et des projets du fondateur sous les yeux duquel personne n'eût osé, en pareille circonstance, marcher dans une voie différente de celle qu'il avait si habile-ment tracée. Pour lui, il ne s'abusait pas sur sa position. Regardant sa maladie comme un premier avertissement du Ciel, et pen-sant au nombre de ses années, il se tenait prêt pour le jour où il plairait à Dieu de l'appeler à lui.

Cependant, il se plaisait encore, il mettait son bonheur à visiter chaque jour quelques parties de l'établissement, à suivre le progrès des travaux qui s'y exécutaient; et partout on aimait à le rencontrer; sa présence seule encourageait; son approbation soutenait; son blâme instruisait; son avis éclairait. Il paraissait toujours comme l'âme de ce grand corps.

Peu à peu, et sous ses yeux, un ordre plus régulier s'est établi dans l'intérieur de l'asile, presque toujours bouleversé par le travail incessant de sa formation; des divisions plus appropriées aux services ont été faites; des classements mieux déterminés ont été opérés, et le tout a commencé à prendre un air d'ensemble qui avait dû nécessairement lui manquer pendant longtemps. En effet, comment était-il possible d'établir rien de définitif dans une maison dont les dimensions s'étendaient à chaque instant dans des sens divers, et dont par conséquent les besoins et les relations variaient et augmentaient sans cesse?

Une cause, d'ailleurs, permanente, quoiqu'inaperçue au dehors, a dû nuire souvent à l'harmonie parfaite des détails, et en-
traver l'exécution régulière de l'ensemble.
Ceux qui ne voyaient les œuvres de l'abbé
Jamet que toutes faites, en observant la facilité avec laquelle il paraissait les accomplir, ont pu s'imaginer qu'il était maître
absolu au Bon-Sauveur, et qu'il ne rencontrait jamais aucun obstacle à ses desseins,
jamais la plus petite opposition à ses désirs.
Il s'en faut bien cependant qu'il en fût toujours ainsi; et nous devons le dire ici, pour
faire ressortir un des côtés les plus dignes
d'attention du caractère de l'abbé Jamet. On
a déjà vu, au sujet de l'acquisition du local
des Capucins pour y établir la Communauté
du Bon-Sauveur, quelle opposition s'était
soulevée contre l'auteur de ce contrat, et
tout ce qu'il avait fallu d'habileté pour ra-
mener les esprits. On comprendra que l'abbé
Jamet jugeât plus prudent de prévenir de
telles tempêtes, que de compter sur sa force

pour les apaiser. On ne doit pas oublier
d'ailleurs que c'était nécessairement par voie
de conseil et de persuasion qu'il conduisait
la croissante république, dont la constitution
ne remettait nullement en ses mains la direction souveraine. Il lui fallait donc, pour
l'exercer en réalité, se concilier et conserver
par des ménagements d'une extrême prudence l'adhésion des volontés qui secondaient
la sienne. Pour y réussir, il faisait volontiers
le sacrifice de son amour-propre, afin de
ménager celui des autres ; et lorsque ses
plans étaient depuis longtemps bien arrêtés,
il avait encore l'air d'essayer d'en tracer les
premières lignes, consultant volontiers,
comme pour s'y soumettre entièrement, les
vues, les avis et les intentions des Religieuses
elles-mêmes, surtout lorsqu'il pressentait une
opposition qu'il importait de prévenir. Mais
comme chacune d'elles ne voyait nécessairement qu'une petite partie qui l'absorbait
tout entière, il arrivait souvent qu'elles saisissaient mal et ne pouvaient apprécier l'en-

semble. De là des observations, des demandes, des objections, des exigences même
auxquelles il fallait satisfaire. De là aussi,
par conséquent, des délais, des changements, des détails négligés, des accessoires
incomplets ; plus tard, des hors-d'œuvre à
réformer ; inconvénients que l'abbé Jamet
avait acceptés sans hésiter pour sauver le
capital et le fond. C'est à ce prix qu'il obtenait un concours plus actif et plus spon-
tané, en persuadant à toutes les Sœurs
qu'elles travaillaient sur leurs propres plans,
et que cette belle œuvre était la leur. C'est
par cette constante habileté qu'il a pu poursuivre avec un succès dont nous admirons les
résultats prodigieux la mission qu'il ne tenait que de son propre génie.

Après toutes les acquisitions, après toutes
les constructions dont nous avons parlé, on
croira peut-être que l'œuvre du Bon-Sauveur
a atteint sa perfection. Il n'en est rien cependant ; et tant que l'abbé Jamet vivra, quoiqu'il
ne puisse plus rien par lui-même, il semble

que sa présence a quelque chose de magique.

Depuis 1840, de grandes constructions se sont donc encore élevées et pour des basses-cours et tout ce qui s'y rattache, et pour des ateliers devenus indispensables dans cette cité de la charité chrétienne, et pour une cuisine sur un plan nouveau, et pour une augmentation et des classements plus réguliers dans le personnel des aliénés des deux sexes, et pour d'immenses réservoirs à cidre, heureuse innovation destinée à remplacer avec un grand avantage tous les autres procédés pour la conservation des boissons (h); enfin pour une buanderie plus économique, et un séchoir aux proportions presque colossales.

Nous avons suivi les prodigieux développements de la maison du Bon-Sauveur; nous avons vu comment, dans l'espace de quarante ans, un seul homme, un prêtre dépourvu par lui-même de capitaux, mais riche de charité, de zèle et de dévouement, a su former ce magnifique asile. Maintenant,

on sera curieux, peut-être, d'en trouver ici
une sorte d'esquisse à grands traits, et comme
un tableau à la fois descriptif, synoptique et
statistique, laissant apercevoir, d'un même
point de vue, son étendue, ses diverses bran-
ches ou œuvres de charité, sa population,
et même sa consommation.

Que l'on se figure donc une étendue irré-
gulière de quatorze hectares environ, formée
par plus de trente acquisitions partielles et
successives (i), divisée par une rue peu fré-
quentée, ou plutôt par une sorte de chemin
de ronde, au-dessus et au-dessous duquel
sont établis des passages commodes. Une moitié de ce terrain est protégée par de grands
murs d'enceinte, le reste par une rivière et
des murs moins élevés. Sur ce vaste plan se
rattachant à la ville par l'un de ses côtés, et
atteignant de l'autre la campagne, sont jetés
quatre principaux groupes de bâtiments, re-
liés entre eux pour les communications et
séparés par des jardins moitié potagers,
moitié d'agrément.

Le groupe du milieu se compose de la Communauté avec son église, vieux et respectable débris des anciens Capucins auquel on a dû faire subir de nombreux changements, et ajouter des parties importantes, en attendant qu'une construction mieux appropriée aux besoins de la Communauté lui soit entièrement substituée. A ce groupe se rattachent, par divers côtés, les quartiers, de construction nouvelle pour la plupart, affectés aux enfants parlants et aux enfants sourds-muets.

Au nord, se développe une façade à deux étages, surmontés d'un troisième au centre, de plus de deux cents mètres en ligne droite, et de plus de quatre-vingts mètres en retour d'équerre ; en avant se dessinent de belles cours ou préaux avec galeries couvertes et berceaux de verdure ; c'est le quartier des femmes aliénées.

Au sud-ouest, ramassé dans un moindre espace, s'élève le pavillon des hommes aliénés, entouré de ses cours et de ses maisons

nombreuses et irrégulières ; mais dont l'ir-
régularité même favorise l'isolement. Sur le
flanc de ce quartier se dresse son élégante
petite chapelle.

A l'extrémité vers le sud, et moitié en
dedans, moitié en dehors de la grande mu-
raille d'enceinte, le quatrième groupe, jeté
presque dans la campagne et au sein de
belles prairies, se compose d'un petit château, des ateliers, des basses-cours, et du
séchoir avec la buanderie.

Telle est la vue d'ensemble du Bon-Sauveur, prise en quelque sorte à vol d'oiseau.
Pénétrons maintenant dans l'intérieur, et
voyons, en général, ce qui s'y passe.

Cent cinquante-trois Religieuses, divisées
en deux classes, s'y partagent la surveillance
et le travail, aidées par environ cent soixante
personnes dont quatre-vingts aspirent à la
vie religieuse, les autres sont salariées.
Parmi les Religieuses, quatre-vingt-six por-
tent le nom de Sœurs Converses, et sont
chargées du travail ; les soixante-quatre au-

13

tres sont Dames de Chœur; elles sont chargées de l'enseignement et de la surveillance.

Dix emplois principaux, qui se subdivisent ensuite au besoin, viennent, comme
les doigts de la main, aboutir à la Supérieure qui conserve seule la direction et la
responsabilité de tout.

Le premier et le principal emploi, puisqu'il a pour objet le renouvellement et la
perpétuité de la maison, est le Noviciat.
Une Sœur Maîtresse et une Sœur Sous-Maî-
tresse y sont préposées.

L'économat vient ensuite, et embrasse,
dans quelques sous-divisions, ce qui concerne la dépense ordinaire, l'achat des den-
rées, l'entretien des bâtiments......

Ce qui a rapport au vêtement constitue un quatrième emploi, où beaucoup de
bras sont employés, sous la direction prin-
cipale de trois Maîtresses, dont chacune a
son département, suivant qu'il s'agit de
pourvoir à l'entretien du linge ou à son blanchissage, ou à la confection des habits. Cet

emploi, du reste, se subdivise nécessairement dans les divers quartiers de la Maison.

Les femmes aliénées sont rangées en trois
grandes catégories qui se subdivisent ensuite
sous le double rapport du genre de maladie
dont elles sont atteintes, et du taux des
pensions qu'elles paient. La première catégorie comprend les malades de familles distinguées. La seconde catégorie comprend
les malades de familles aisées; mais qui
n'exigeant pas les mêmes services, paient
une pension inférieure. La troisième catégorie comprend les pauvres. Trois Religieuses Maîtresses président à ce grand emploi,
avec une douzaine de Sous-Maîtresses, dont
une des principales fonctions est de diriger les
Sœurs Ouvrières qui, au nombre de quarante environ, soignent personnellement les
femmes aliénées. Tel est le cinquième emploi.

Le sixième comprend les hommes aliénés.
La surveillance s'y exerce à peu près comme
chez les femmes par des Religieuses Maîtresses ou Sous-Maîtresses; mais le service

personnel s'y fait par trente-huit ou quarante hommes salariés, appelés *gardiens*.

Les quatre autres emplois se rapportent
à l'enseignement. Ce sont: la classe des
sourds-muets, où l'un de MM. les Chapelains et huit Religieuses donnent des leçons
chaque jour, le matin et le soir:

La classe des sourdes-muettes sembla-
blement organisée:

La première classe des demoiselles parlantes présidée par une Maîtresse et quatre
Sous-Maîtresses:

Enfin la seconde classe pour les élèves,
dont les parents ne voulant ou ne pouvant
payer que demi-pension, exigent pour leurs
filles moins d'instruction et plus de travail
manuel. Là aussi, préside une Maîtresse et
quatre Sous-Maîtresses.

Quelquefois on admet des Novices comme
Sous-Maîtresses, soit pour les former elles-
mêmes à l'enseignement ou aux autres emplois, soit pour suppléer les Religieuses
quand elles ne peuvent suffire à tout.

Tels sont les principaux rouages de ce
grand et admirable mécanisme que fait
mouvoir, tous les jours, la charité religieuse dans l'asile du Bon-Sauveur.

Voici maintenant une Statistique des personnes composant la maison du Bon-Sauveur de Caen. Les nombres que nous allons
donner sont, ainsi que ceux qui précèdent
dans la description des emplois, l'expression
du personnel de la Communauté au moment
de la mort de son cher et vénérable fondateur. Il est inutile de faire observer que déjà
ce tableau essentiellement mobile, n'est plus
exact aujourd'hui.

Au premier abord, il semblera sans doute
à des administrateurs, habitués à réduire le
plus possible le nombre des bouches inutiles,
que l'on pourrait, avec moins de personnes,
obtenir le même résultat. Mais qu'ils nous
permettent de leur faire observer qu'une
Maison religieuse, en doublant son personnel, ne double point les frais; puisque ses
membres, loin de prélever un traitement,

apportent au contraire à la masse commune; et que très-souvent la charité lui fait créer des emplois aussi utiles à ceux qui les remplissent qu'à ceux qui en profitent directement.

Religieuses en réalité ou en espérance. . . . . : 232

Sourds-muets et sourdes-muettes recevant l'instruction. 128

Demoiselles parlantes pour l'éducation, y compris une dizaine de petites filles pauvres. . . . 80

Domestiques, ouvriers et ouvrières ayant leur domicile ou quasi domicile à la maison. 128

Femmes aliénées. 360

Hommes aliénés. 262

Pensionnaires libres et dames en chambre. . : 35

Chapelains. 4

TOTAL. . . 1,269

Ajoutons encore un tableau des principales consommations qui se font au Bon-

Sauveur pendant le cours d'une année commune.

Pain.	327,000 kilog.
Viande de boucherie.	45,000 kilog.
Beurre.	6,000 kilog.
Vin.	19,000 litres.
Cidre.	412,000 litres.
Lait.	100,000 litres.
OEufs.	30,000 douz.
Tissus pour linges et vêtements.	17,000 mètr.

Nous abandonnons beaucoup d'autres détails de poissonnerie, d'épicerie, de pharmacie, de passementerie, de mercerie, de quincaillerie.... Nous laissons de côté tout ce qui tient au chauffage, à l'éclairage, au blanchissage, ainsi que tous les matériaux de construction et d'entretien des bâtiments. Nous ne parlons ni des contributions directes qui s'élèvent à plus de 6,000 francs chaque année, ni des contributions indirectes dont le chiffre s'enfle davantage encore, ni

du renouvellement d'une foule de meubles
et d'effets mobiliers et ustensiles, ni de beaucoup d'autres charges qui pèsent nécessairement sur une maison où tant de personnes
sont réunies: ces détails seraient sans intérêt.
D'ailleurs, nous en avons dit assez pour donner une juste idée du Bon-Sauveur à ceux
qui ne le connaissaient pas encore, et pour
le faire mieux apprécier de ceux qui le connaissaient déjà. On voit en effet par ce simple tableau, de quelle importance il est pour
la ville de Caen, et combien il contribue à
augmenter la masse de nos revenus, en même
temps qu'il embellit un quartier qui sans cet
établissement n'offrirait qu'un assez triste
aspect.

Cette observation n'aura sans doute échappé à personne; mais nous aimons à la con-
signer ici. Sur les mille deux cent soixante-
neuf individus réunis au Bon-Sauveur, deux
cent soixante tout au plus font partie de la
population caennaise; conséquemment plus
de mille personnes sont amenées directement

dans nos murs par l'œuvre de l'abbé Jamet.
Or, la ville de Caen possédant à peu près
cinq mille âmes de population flottante et
trente-huit mille de population fixe, il est
aisé de voir dans quelle proportion l'abbé
Jamet a contribué à son agrandissement.
Maintenant, personne n'ignore combien l'accroissement de la population d'une ville in-
flue sur son importance, sur son commerce,
sur ses revenus.

Tel est le monument que l'abbé Jamet a
laissé après lui comme une preuve authen-
tique de sa charité, et aussi comme le prix
largement payé de ses droits à l'estime et à
la reconnaissance de la ville de Caen et du
département du Calvados.

Le Bon-Sauveur, malgré ce qui lui manque encore, peut néanmoins être rangé
parmi les plus grands et les plus beaux
Etablissements que la France, et peut-être
l'Europe entière, possède en ce genre. Aussi, sa réputation n'est-elle pas maintenant presque européenne ? Et ne sait-on

pas que si, comme maison de santé pour les aliénés des deux sexes, comme école de sourds-muets et comme maison religieuse, cet Etablissement a des égaux, du moins il y en a peu qui lui soient supérieurs ? Devenu un objet d'intérêt général, il ne manque guère d'attirer la visite du voyageur qui passe, et de l'étranger qui aborde les murs de notre cité. Chaque année le Bon-Sauveur ne reçoit pas moins de deux mille visiteurs. Il a ouvert ses portes, à diverses époques, aux personnages de la plus haute distinction. Madame la Dauphine, l'héroïne du courage et du malheur, l'a honoré d'une visite en 1827. Le Roi et la Reine des Français, ainsi que toute la famille royale, l'ont visité en 1833. Madame la Duchesse de Nemours y est venue en 1844. Des Archevêques, des Evêques, des Préfets, des Pairs de France, des Députés sont souvent venus admirer et encourager l'œuvre du Bon-Sauveur.

Il nous semble qu'à la vue de cet Eta-

blissement, la question si souvent posée de
l'utilité et des avantages des Communautés
religieuses, sous le triple rapport de l'économie, de la morale et de ce que l'on appelle la philanthropie, serait assez facile à
résoudre. Au reste, mettons de côté cette
question, qui n'en est pas une pour nous.

En effet, que pourrait-on mettre à la place
de ces âmes généreuses dont les Communautés se composent, de ces âmes qui renonçant à tout espoir temporel, et faisant ab-
négation complète d'elles-mêmes, se dé-
vouent individuellement, et consacrent leurs
biens, leurs forces, leurs talents au soulagement des infirmités si multipliées, quelquefois si dégoûtantes qui assiégent l'espèce
humaine? On ne connaît au monde que deux
motifs qui puissent déterminer une personne
raisonnable à passer sa vie dans un hospice
de malades ou d'aliénés; la religion et l'intérêt : car il n'est personne assurément qui
s'y fixe pour toujours par inclination naturelle, par plaisir et par goût. Quiconque s'y

résigne par amour de l'argent devra, au besoin, tout sacrifier pour augmenter son gain;
ses intérêts l'emporteront toujours sur ceux
du malade lorsqu'ils seront en présence. A
chaque instant, le dévouement, la patience,
la douceur lui feront défaut. La même chose
n'arrivera pas si la religion a commandé le
sacrifice. Pourquoi? Parce que la religieuse
et le mercenaire poursuivent un but diamé-
tralement opposé; l'une veut des humilia-
tions, des croix, des œuvres de charité; l'autre ne veut que de l'argent. L'expérience est
là comme une preuve colossale à l'usage de
ceux que les préjugés et les passions ont
aveuglés sur ce point.

Mais, crie-t-on sans cesse, il y a des Communautés riches!—Oui, sans doute, il y en
a que la confiance publique signale au choix
des familles affligées. Il y en a que les nombreuses privations auxquelles se condamnent
leurs membres, jointes à leurs dépôts partiels dans la bourse commune, et aux of-
frandes de la charité, ont mises à même de

faire de précieuses économies. Il y en a que
l'on appelle riches ; mais jamais il n'y aura
que des religieux pauvres. Conséquemment
la richesse des Communautés devient tout
aussitôt le patrimoine des malheureux.

Nous nous sentons à l'aise en faisant ces
observations en face d'une Communauté dont
les succès constants, sous la sage administration de l'abbé Jamet, excitent si puissamment l'admiration des uns et la jalousie des
autres. Oui, les fonds ont abondé au Bon-
Sauveur. Mais quel plus noble, quel plus
saint usage eût-il été possible d'en faire ?
Là, tout n'est-il pas exclusivement employé
aux œuvres de bienfaisance ? Tout n'est-il
pas consommé sur les lieux mêmes, au profit de la ville et du département qui ne pourraient, sans d'énormes dépenses, se procurer un semblable asile ; au profit des aliénés, des sourds-muets, des indigents, des
malheureux de toutes sortes ? Dira-t-on jamais qu'on y accorde quelque chose au luxe,
à la sensualité, aux plaisirs, à la bonne

chère? Le ridicule et l'absurde caractérise-
raient évidemment de pareilles allégations.
Respect donc et tolérance pour les Congrégations religieuses en général, et pour le
Bon-Sauveur en particulier.

Nous avons parcouru l'établissement fondé par l'abbé Jamet; nous avons jeté un
coup d'œil sur l'ensemble de cette belle
création; nous avons pénétré dans quelques-
uns de ses détails; mais trop occupés, peut-
être, de considérer l'œuvre, nous n'avons
pas assez vu encore l'homme admirable qui
y a présidé; nous n'avons pas assez vu
surtout le bon Prêtre qui a conservé jusqu'au dernier soupir l'esprit éminemment
sacerdotal, l'esprit de foi, de piété et de
charité.

Que ne pouvons-nous tracer ici de lui
un portrait ressemblant et fidèle? Que ne
pouvons-nous peindre, avec ses vraies couleurs, cette figure aimable et bonne, cet
air de dignité sans prétention, de noblesse
sans affectation; cette physionomie calme,

sereine et douce, mais pleine d'expression
et de vivacité, s'animant soudainement au
commandement de la volonté, et laissant
voir dans le jeu tempéré de ses traits tout
l'empire d'une âme forte sur un corps bien
organisé? Que ne pouvons-nous surtout
peindre ses qualités morales; montrer tels
qu'ils étaient, cet esprit droit, ce jugement
sain, ce tact exquis, cette mémoire sûre,
ces connaissances étendues et variées, cette
prudence merveilleuse; mais plus spécialement ce cœur sensible et généreux, cette
piété profonde et sincère qui fut le principal
mobile de toutes ses actions?

L'abbé Jamet était un de ces hommes
dont on ne craint pas de montrer jusqu'aux
défauts mêmes qui leur restent et qui de-
viennent pour eux, en quelque sorte, un
titre à l'admiration de ceux qui ont été mis
à même d'apprécier les luttes et les combats
au moyen desquels ils ont pu, sinon changer une nature que nul ne changera jamais,
du moins la maîtriser, la dompter, la sou-

mettre au joug d'une foi qui vient en aide à la raison pour la perfectionner.

Comme la plupart des hommes d'un tempérament sanguin, l'abbé Jamet avait un caractère vif et ardent. Néanmoins, il savait parfaitement se posséder et garder, au besoin, un sang-froid imperturbable. On a souvent remarqué que, si une légère contrariété, une bagatelle, un rien lui a parfois arraché une expression de vivacité, premier mouvement d'une nature prise, en quelque sorte, à l'improviste, jamais, dans une occasion grave, dans une contrariété importante, il n'est sorti d'un calme parfait. C'est alors qu'on voyait la force de sa volonté, et l'empire qu'il avait acquis sur lui-même. Froidement, en apparence, et sans s'émouvoir, il recueillait ses pensées, regardait autour de lui, cherchait et trouvait, avec toute l'aisance d'un homme qui sait d'avance où elle est, la voie par laquelle il devait sortir d'embarras.

Personne ne sentit plus vivement que lui

une injure, et personne ne la supporta avec plus de calme, plus de résignation. Toutefois, s'il avait jugé devoir humilier une impertinence, dix années ne lui eussent pas fait perdre de vue son dessein ; mais il choisissait son temps, et sa main, pour être soigneusement recouverte, n'arrivait ni moins sûre, ni moins pesante à son but.

L'ingratitude lui était insupportable ; cependant il a trouvé des ingrats, et il en a trouvé beaucoup ; car il a fait beaucoup de bien. Du reste, comme son cœur était excellent, et que les motifs qui l'animaient étaient tout surnaturels, presque jamais l'ingratitude des uns ne l'a rendu plus réservé par rapport aux autres. La charité chez lui coulait de source ; quel que fût l'usage ou l'abus que l'on faisait de ses eaux, elles continuaient à s'épancher avec la même abondance.

Il n'en était pas de sa confiance comme de sa charité ; il n'en avait plus pour celui qui s'en était rendu indigne, en se permettant d'en abuser.

14

Naturellement obligeant, il aimait à rendre, même en se gênant beaucoup, tous les services qui étaient en son pouvoir; rarement on éprouvait un refus quand on s'adressait à lui; sa bourse aussi bien que son cœur était ouverte à tous.

Une preuve bien glorieuse de son désintéressement, c'est l'extrême médiocrité dans laquelle il vécut et mourut. Et pourtant sa libéralité ingénieuse savait tirer encore de cette noble pauvreté des trésors, dont le calcul étonne et attendrit tout à la fois. C'est ainsi qu'on le voit consacrer, dès l'origine, au rétablissement de la Congrégation du Bon-Sauveur, la modeste somme de neuf cents francs, qui formaient alors toutes ses économies. Continuant ses dons fréquents envers les Religieuses, il leur apporta, dans le cours de quarante années, soit en nature, soit en argent, une valeur de plus de quinze mille francs. L'âme est doucement émue en voyant la longue liste de ses dons s'ouvrir par douze aunes de voile, destiné à l'habil-

lement des pauvres Religieuses, en 1807,
et se fermer, en 1842, par une lampe d'é-
glise. En refusant absolument toute espèce
de traitement, soit comme Chapelain, soit
comme Directeur de ce vaste Etablissement,
il l'a doté (en ne portant même les honoraires ainsi abandonnés qu'au faible taux de
cinq ou six cents francs annuellement) d'un
capital de plus de trente mille francs, par
cinquante-cinq années de services plus que
gratuits. Lorsque sa position de Recteur de
l'Académie le mit plus à l'aise, on voit
s'augmenter aussi ses largesses envers la
Communauté. Une moitié de son traitement
est donnée à la fois dans une de ces années.
Il est vrai que la Maison pourvoyait, en partie, à son entretien et à ses besoins, comme
elle le fait pour les Chapelains ordinaires
qu'elle emploie; il est vrai encore qu'on
l'entourait des soins les plus dévoués et les
plus tendres, comme un père vénéré, surtout dans ses dernières années, s'appliquant
à prévenir même ses désirs quand on pou-

vait les deviner. Sans doute, c'était un devoir sacré que les lois divines et humaines
proclament assez haut ; mais il est consolant
pour nous de pouvoir dire qu'il a été filiale-
ment rempli jusqu'à son dernier soupir.

Prenant à la lettre un des conseils évan-
géliques les plus difficiles à observer, il n'a
pas dédaigné d'admettre auprès de lui des
personnes qui, pendant les jours de la terreur, avaient été ses dénonciatrices, et presque ses bourreaux.

Véritable image du Dieu de paix et de
bonté qui préfère toujours l'indulgence au
châtiment, fidèle ministre du Sauveur qui,
pendant son passage au milieu des hommes,
voulut bien un jour laisser une pécheresse
insigne arroser ses pieds de ses larmes, les
essuyer de ses cheveux, il s'est complai-
samment prêté aux hommages, je dirais
presque aux compliments et aux amitiés,
d'une vieille et malheureuse femme qu'il
avait eu la douleur de voir, dans les jours
de désordre et d'anarchie, placée sur nos

autels avec le titre infâme et sacrilége de *Déesse de la Raison*. Durant bien des années il acceptait, au jour de sa fête, un chétif bouquet des mains de cette pauvre femme sincèrement convertie; et au jour de l'an, deux oranges, contre lesquelles il lui donnait en échange quelques pièces de monnaie.

Sa patience et sa résignation ont toujours été remarquables; mais elles ont brillé surtout dans sa dernière maladie, lorsque réduit pendant plusieurs mois à une dépendance totale et continuelle, il avait, à chaque instant, besoin de secours étrangers; jamais une expression de plainte ou de désir n'est sortie de sa bouche. Ceux qui le servaient ne pouvaient se lasser d'admirer tant de mansuétude. Ils allaient quelquefois jusqu'à lui adresser des reproches de ce qu'il ne demandait pas ce qui pouvait le satisfaire. Et lui, cependant, toujours rempli de cette gaîté aimable et douce qui le caractérisait, s'amusait quelquefois de leur embarras et riait avec eux de leur désappointement.

Son courage stoïque avait été mis à l'épreuve par des opérations douloureuses, qu'il avait subies sans la moindre émotion. Dans une de ces occasions, après s'être prêté, sans dire un mot, sans faire entendre un souffle, au scalpel des médecins, il se tourna vers eux, lorsque l'opération fut faite, et leur dit de l'air le plus calme et le plus serein : « Messieurs, vous m'avez tenu vingt-cinq minutes. »

Nous ne savons s'il tenait à la vie; mais ce qui est évident pour nous, c'est qu'il n'y tenait pas pour la vie elle-même, et que s'il cherchait à la prolonger par l'emploi des remèdes, c'était pour en faire un digne et saint usage. « Je suis guéri, écrivait-il à
» son frère, le 29 juillet 1812, d'une ma-
» ladie qui n'était rien dans son commence-
» ment, et qui pendant trois mois a été
» inquiétante; elle m'a mis bien plus dans
» le cas de penser à l'éternité que celle de
» l'automne..... C'était un cancer au côté
» droit de la poitrine..... Je ne sais si c'est

» dans sa miséricorde que le Bon Dieu m'a
» encore rendu la santé..... Je le prie
» bien de me faire la grâce de ne m'en
» servir que pour le glorifier, l'aimer et
» le faire aimer. » Tel était son programme
de la vie, glorifier Dieu, l'aimer et le faire
aimer.

Un autre lien, peut-être, l'attachait encore sur cette terre. Il ressentait pour le Bon-
Sauveur quelque chose de semblable à cette
affection vive et puissante qu'une mère, en
face de la mort, éprouve pour sa fille encore
en bas âge. Toute préoccupée de son sort
futur, et sentant qu'elle est son appui nécessaire, elle ne saurait se résoudre à l'abandonner. Elle voudrait se rattacher à la vie ;
et peut-être il est arrivé plus d'une fois que
la force de ce sentiment a retenu des âmes
de mère sur le point de s'envoler. Le fondateur du Bon-Sauveur a souvent fait connaître les appréhensions dont il ne pouvait
se défendre quand ses regards s'étendaient
vers l'avenir ; et il nous a été donné, dans

plusieurs circonstances, d'en être le confi-
dent et le dépositaire.

Rempli de cette modestie qui accom-
pagne toujours le vrai mérite, on ne l'entendait point se vanter de ses succès; et
quand il recevait des félicitations sur l'œuvre
admirable qu'il avait su créer, il ne répondait pour l'ordinaire qu'en en renvoyant la
gloire à Dieu qui avait bien voulu se servir de lui, comme du plus faible instrument,
pour accomplir ses desseins.

Aucun sentiment n'était plus éloigné de
son cœur que celui de la fierté. Le pauvre,
aussi bien que le riche, plus que le riche
peut-être, recevait de lui un bon accueil.
Il se dérangeait pour l'un non moins que
pour l'autre. Très-souvent il a passé des
heures entières à montrer et à expliquer
aux plus modestes particuliers venus pour
le voir, les divers travaux qu'il faisait exécuter; et sachant mettre à profit jusqu'à ses
distractions, il donnait, chemin faisant, et
sans perdre de vue les soins de la plus ex-

quise politesse, ici un ordre, là une explica-
tion, réprimandant doucement une faute,
redressant un ouvrier, consolant un malade,
laissant toujours, même dans ce rapide passage, une douce et précieuse trace de son
active et bienfaisante influence.

A l'affabilité, il joignait la plus parfaite
complaisance. Il se prodiguait, pour ainsi
dire, à tous. Bien des fois il lui est arrivé,
pendant qu'il était homme-public, de diffé-
rer l'heure de ses repas et de les interrom-
pre pour répondre aux désirs de personnes
qu'il aurait pu, mais qu'il ne voulait pas faire
attendre.

Son calme était habituellement si grand
qu'il ne paraissait jamais pressé, et que l'on
eût dit qu'il n'avait à faire que ce qu'il faisait présentement. Vingt fois interrompu,
vingt fois il reprenait son travail, sans émotion ni mécontentement.

Cette inaltérable sérénité ne souffrait pas
même des accidents les plus propres, ce
semble, à la déconcerter. Le feu prit un jour,

pendant qu'il dînait, à la cheminée de son cabinet d'étude, tout voisin de la salle à manger. Averti par le mouvement des personnes accourues pour éteindre l'incendie, il se lève de table, s'approche du foyer, mesure d'un coup d'œil l'étendue du danger, prescrit les mesures infaillibles pour le prévenir et arrêter les progrès du feu; puis, lorsqu'il voit qu'on en est bien maître, il rassure les assistants, et, sans attendre même que tout soit fini : « Retournons, dit-il à l'un de ses commensaux, achever notre dîner : car tout ceci ne nous en tient pas lieu. »

L'étude avait pour lui beaucoup d'attrait. Dans sa jeunesse il s'y livrait avec une extrême ardeur. Il aimait surtout l'étude de l'Ecriture Sainte ; et il avait appris l'hébreu afin de pouvoir recourir au texte original. Pendant les jours de la terreur, il savait trouver du temps pour l'étude. Son cabinet littéraire était établi au fond d'une galerie souterraine, dans les vastes carrières de

Hérouville. Pour en mieux dérober l'entrée
aux regards des indiscrets que le hasard aurait pu conduire dans ce réduit, il y avait
adapté une pierre artistement brute. Là était
sa bibliothèque, malheureusement trop vo-
lumineuse : car, d'une part, il altérait sa
santé par des séances trop fréquentes et trop
prolongées dans ce lieu humide ; et de l'autre, ses livres s'y détériorèrent au point
qu'il les perdit à peu près tous.

   Du reste, l'abbé Jamet ne se livrait pas à
l'étude uniquement pour satisfaire le besoin de savoir qu'il éprouvait. Une science
fondée sur cette base ne peut que rendre
orgueilleux et fier celui qui s'en est chargé.
Un plus noble motif animait ses études. Déjà surabondamment rempli de cette vertu
sans laquelle le Prêtre ne serait que la honte
du Sacerdoce et le fléau de la société, il
voulait que rien ne lui manquât de cette
science utile, nécessaire comme l'œil et la
lumière à quiconque entreprend la conduite
des aveugles, et veut efficacement les pré-

server d'une chute dans l'abîme. Comme
Prêtre, il redoublait donc de zèle à s'instruire toutes les fois qu'il s'offrait une occasion de rendre des services inattendus, de
remplir un ministère nouveau, et auquel il
n'était pas encore suffisamment préparé.
Ainsi, lorsqu'en 1812, il y avait à Caen un
grand nombre d'Espagnols, et que plusieurs
d'entre eux étant tombés malades, ne pouvaient se confesser avant de mourir, parce
qu'ils ne parlaient pas notre langue et qu'aucun des Prêtres de Caen ne savait la leur,
l'abbé Jamet, profondément touché de la
détresse à laquelle ces pauvres étrangers se
voyaient réduits, conçoit et exécute immédiatement le dessein d'apprendre l'espagnol.
Il se procure quelques livres, s'enferme dans
son cabinet pendant cinq ou six jours, exclusivement occupé de l'étude de cet idiome.
Ce temps lui a suffi. Nouvel Apôtre, il sort
de sa retraite, parlant et entendant une langue nouvelle ; et désormais les pauvres étrangers ont un Prêtre qui passe ses jours à les

instruire, à les exhorter, à les confesser, à leur apprendre à bien vivre, à les préparer à bien mourir.

La douceur de ses mœurs et la sensibilité de son cœur le faisaient aimer de tous ceux qui le fréquentaient. Les enfants qu'il instruisait, les sourds-muets surtout s'attachaient à lui comme à un père. Il n'était pas jusqu'aux pauvres aliénés qui ne lui donnassent des marques d'affection et de confiance. Souvent il les visitait; il leur parlait avec bonté; il leur disait toujours quelque mot de consolation, quelque mot d'espérance. Aussi, dès qu'ils le voyaient paraître, l'entouraient-ils avec l'empressement des enfants qui retrouvent un père.

C'était surtout à la Saint-Pierre qu'il fallait voir la nombreuse population du Bon-Sauveur entourer et fêter son chef vénéré. La joie était universelle. Chacun, suivant le mouvement de son cœur, était heureux de lui exprimer à sa manière le sentiment de son affection et de sa reconnaissance. Té-

moin nous-même plusieurs fois de cette dé-
monstration sincèrement cordiale, nous n'a-
vons pu la contempler sans une vive émotion.

Plus graves et toujours plus modérées,
même dans leurs sentiments les plus vifs,
les Religieuses ouvraient cette scène, ou
plutôt cette suite de scènes touchantes, en
célébrant et bénissant mille fois celui auquel
elles doivent leur pieux asile.

Les nombreux enfants de toutes les classes venaient ensuite, plus ardents, plus ex-
pansifs, les uns de vive voix, les autres par
signes, protester de leur attachement et de
leur vénération pour leur bienfaiteur, pour
leur père. Qu'il était touchant surtout de
voir ces pauvres enfants sourds-muets employer, avec une éloquence que centuplait
l'amour reconnaissant dont ils brûlaient,
leur prononciation manuelle à bénir celui
qui la leur avait donnée, celui qu'ils chéris-
saient tant, et qu'ils proclamaient si énergi-
quement leur second Créateur, leur seconde
Providence !

Après de longues, mais toujours trop courtes heures, données à la manifestation de tant et de si justes sentiments, venaient les autres classes d'infortunés au bonheur desquels l'abbé Jamet a si puissamment contribué. Eux aussi, malgré le voile qui couvre leur raison, savaient bien reconnaître et apprécier leur bienfaiteur. Un peu de folie se mêlait immanquablement à leurs démonstrations, à leurs manières; mais toujours le cœur y était, et souvent ses élans n'en devenaient que plus ardents et plus vifs.

Arrivaient enfin les ouvriers employés ordinairement en si grand nombre dans le vaste Établissement. Rangés par groupes, suivant les corps de métiers auxquels ils appartenaient ou se rattachaient, et portant des fleurs qui empruntaient un nouvel éclat de leurs mains rustiques, ils aimaient à payer aussi leur tribut d'hommages à celui qui leur a si longtemps fourni du travail et du pain. Souvent une journée ne suffisait pas à tant d'émotions, à tant de bonheur; et

la fête se prolongeait par d'innocentes re-
présentations, composées ou choisies exprès,
et qui faisaient, durant plusieurs soirées,
comme un saint spectacle, où le bienfait et
la reconnaissance se reproduisaient sous cent
formes diverses. Elles n'auront plus lieu ces
fêtes du cœur dans l'asile du Bon-Sauveur,
car celui qui en était l'objet ne sera jamais
remplacé. Un autre pourra s'entendre flatter
par des compliments plus ou moins mérités;
mais on sentira toujours qu'il n'est plus là,
celui auquel tout est dû; celui dont le nom
et les bienfaits sont gravés sur toutes les parties de sa grande création; celui qui a tout
sacrifié, et qui s'est sacrifié lui-même avec
tant de générosité.

Nous aurions de longues pages à écrire
sur les sacrifices de l'abbé Jamet pour le
Bon-Sauveur; mais qu'un mot nous suffise.

Aux jours de la terreur, sa vie ne fut-
elle pas cent fois exposée, cent fois sacrifiée?
Depuis, ses espérances, son temps, son
avoir, n'ont-ils pas été sacrifiés? Ce fut par

attachement au Bon-Sauveur qu'il refusa
durant longtemps d'en être Supérieur, parce
qu'il croyait qu'en acceptant cette charge, il
lui faudrait, suivant l'exemple de ceux qui
l'avaient remplie avant lui, prendre son domicile en dehors de la maison, et par conséquent lui être moins utile qu'en demeurant
simple Chapelain. Aussi, lui fallut-il l'assu-
rance positive qu'il n'en sortirait pas pour
le déterminer à accepter la place de Supérieur en 1819. Trois ans plus tard, il n'ac-
cepta les fonctions et l'honneur du rectorat,
que sous la condition expresse de continuer
à résider au Bon-Sauveur.

A la même époque, il refusa formelle-
ment un Evêché qui lui fut offert, nous le
savons: et l'une des raisons de son refus
était son attachement au Bon-Sauveur, dont
il ne voulait pas se séparer. Sans doute son
humilité et sa modestie entraient aussi pour
beaucoup dans les motifs de ce refus si honorable pour lui, et que nous sommes d'autant plus heureux et plus fiers de proclamer

15

ici bien haut, qu'il avait pris plus de soin et de précautions pour le tenir caché.

Son même attachement à sa chère Communauté, le désir de mourir dans son sein, et son zèle ardent pour lui faire du bien, surtout dans les occasions où il y avait quelques dangers à courir, lui faisaient aussi, en 1832, suspendre un voyage lointain, depuis longtemps projeté, et dont les préparatifs étaient faits, parce que, disait-il, dans une lettre écrite à ce sujet: « Le choléra est ve- » nu éclater à Paris, et je n'ai osé aban- » donner les Religieuses du Bon-Sauveur, » dans la crainte que cette violente mala- » die ne vint à Caen pendant mon absence. »

Aux qualités que nous avons énumérées, l'abbé Jamet joignait éminemment l'amour de l'ordre. Il voulait le bien en tout; mais il le voulait sans confusion. Il souffrait visiblement à la vue d'un désordre, d'une chose déplacée, mal faite ou mal dite. Souvent il ne résistait pas au besoin de manifester sa pensée, de redresser les travers

dont il était témoin, ou de remettre chaque
chose à la place qui lui convenait, lors même que ce soin ne le regardait pas. La position éminente des personnes, non plus
que leurs qualités individuelles, ne les mettait pas toujours à l'abri d'une douce, d'une
aimable censure, ou plutôt d'une utile leçon, lorsque leur conduite ou leurs manières
offraient un côté vulnérable. Peut-être cette
façon d'agir si utile, si précieuse pour les
âmes humbles et droites, appelées à vivre
habituellement dans la société d'un obser-
vateur judicieux et prudent, d'un censeur
charitable et modéré, présenterait-elle quelques inconvénients avec des personnes d'un
jugement erroné, ou pleines d'amour-propre et d'estime pour elles-mêmes. Quant à
nous, sans prétendre faire à l'abbé Jamet un
mérite de cette disposition de son esprit,
nous l'énonçons uniquement parce qu'elle
était caractéristique en lui, et que nous
avons pris à tâche de faire ressortir tout son
caractère. Quel que soit, au reste, le juge-

ment que l'on en porte, nous nous contenterons de dire que les imperfections des saints,
comme les bévues des gens d'esprit, nous
les rendent souvent plus aimables, en nous
les montrant dans une sphère plus rap-
prochée de notre propre faiblesse, sans
que ce rapprochement nuise en rien à leur
mérite.

D'une vigilance et d'une activité infati-
gables, il arrivait toujours à temps. On pouvait même compter qu'il serait plutôt en
avant qu'en retard. Aussi, ne manqua-t-il
jamais aucune de ces occasions qui doivent
se saisir au passage, parce qu'elles ne re-
viennent pas, et ne laissent à ceux qui sont
venus trop tard que le regret de les avoir
perdues.

Prudent et réservé, il ne s'avançait point
témérairement sur un terrain inconnu, qu'il
ne l'eût auparavant soigneusement sondé.
Avant d'entreprendre une œuvre nouvelle, il
mesurait sagement les moyens dont il pouvait
disposer, les espérances sur lesquelles il pou-

vait compter, les obstacles qui se pouvaient
rencontrer. Il se gardait bien de toute spé-
culation, de toute tentative hasardeuse. Il savait que le grand secret pour réussir consiste
surtout dans l'art de bien commencer. Mais
s'était-il une fois mis à l'œuvre ? Il marchait
alors avec une activité, avec une persévé-
rance, avec une intelligence que rien ne
pouvait plus arrêter. Aussi, disait-on de lui,
qu'il était constamment heureux, qu'il faisait tout ce qu'il voulait.

Ajoutons encore, pour achever le portrait de cet homme habile, que s'il a été
quelquefois merveilleusement servi par les
circonstances, il a su aussi merveilleusement
exploiter celles qui lui étaient favorables,
écarter ou maîtriser celles qui lui étaient
contraires, et même tourner au profit de
son œuvre celles qui ne paraissaient pas de
nature à en assurer le succès.

Enfin, déjà remarquable par tant d'heureuses qualités, il l'était encore par sa sobriété et sa tempérance. Il ne faisait usage

d'aucuns mêts recherchés, non plus que
d'aucunes liqueurs fortes. Bien loin de vivre
pour manger, c'était à peine s'il mangeait
pour vivre. Les aliments les plus simples,
les plus vulgairement apprêtés fixaient toujours son choix et sa préférence. Probable-
ment il a dû, en partie, à ce régime
frugal et salubre, la longue carrière qu'il a
parcourue, malgré les graves maladies qui
ont plusieurs fois mis à l'épreuve sa robuste
constitution, malgré l'activité laborieuse d'une
vie si pleine, malgré les dures privations et
les rudes épreuves de dix années de persécution, pendant lesquelles il lui fallait passer
une partie de ses jours dans les galeries hu-
mides d'un souterrain profond, et une partie
de ses nuits à la belle étoile, ou dans l'exercice d'un ministère devenu impossible pendant le jour. C'est sans doute encore à sa
tempérance qu'il a dû, jusqu'à la fin de sa
vie, l'exemption de toutes infirmités différentes de la paralysie, dont il fut frappé en
1840, et dont il se releva encore contre

l'attente des médecins , pour y succomber
ensuite sans retour.

Considéré comme Prêtre, l'abbé Jamet
était véritablement un Prêtre-modèle sous
tous les rapports. La science et les talents
se trouvaient unis en lui à une piété profonde , à une charité tendre et compatis-
sante ; il était bien l'homme de Dieu et
l'homme du peuple. On sait qu'au temps de
la persécution , il fut confesseur généreux de
sa foi, et que peu s'en fallut qu'il n'en fût
martyr; on sait qu'il a souvent exposé sa vie
pour sauver des âmes; heureux, comme il le
disait humblement, si Dieu, qui ne l'avait
pas jugé digne du martyre de la foi , l'avait
au moins , dans sa miséricorde , admis à
cueillir la palme du martyre de la charité.
On connaît enfin les œuvres admirables qu'il
a faites, et pour lesquelles il est visible que
la divine Providence l'avait réservé. Mais ce
qui, peut-être, n'est pas aussi connu, quoique non moins intéressant à connaître, c'est
le détail intime de sa vie sacerdotale. Qu'il

nous soit donc permis d'en révéler quelque chose, maintenant qu'il n'y a plus à craindre de blesser sa modestie.

Appelé dès sa jeunesse à diriger des Religieuses dans la voie de la perfection évangélique, il se fit dès lors un devoir de les y précéder. Aussi sa vie était-elle réglée comme la vie des Cénobites; et sauf les temps d'universelle perturbation pendant lesquels tout dépendait des circonstances, ses habitudes étaient invariables. Sept heures étaient données au repos, le reste à l'exercice du saint ministère, aux affaires, à la prière, à l'étude.

Ses journées commençaient sans nulle exception par une demi-heure de prière et d'oraison mentale. Il n'eût fallu rien moins que la circonstance d'une nécessité impérieuse pour le faire consentir à retrancher quelque chose de cet aliment de l'âme chrétienne, presque aussi indispensable pour la vie spirituelle que la nourriture ordinaire pour la vie du corps. Le soir était, comme

le matin, consacré par la prière : il la faisait
pour l'ordinaire en commun avec Messieurs
les Chapelains, et elle était suivie de la lecture d'un sujet d'oraison pour le lendemain.

Sa messe, toujours à heure fixe, était
précédée d'un quart-d'heure de préparation
spéciale, et suivie d'un quart-d'heure d'action de grâces, qu'il passait à genoux au
pied de l'autel où il venait d'offrir le saint
sacrifice.

Chaque jour il ajoutait à l'office divin la
récitation d'un chapelet, auquel il ne manquait pas même pendant ses voyages. C'é-
tait, du reste, pour lui un usage pieux qu'il
avait contracté sur les genoux de sa mère.

Il avait la sainte coutume d'aller une fois
la semaine rafraîchir son âme dans cette
piscine sacrée dont il était chargé, comme
Prêtre, de distribuer les eaux salutaires aux
fidèles confiés à ses soins.

Quoiqu'il ne fût nullement scrupuleux,
cependant il portait la délicatesse de conscience jusqu'au point de s'abstenir d'offrir

le saint sacrifice de la messe lorsqu'il lui était
arrivé de laisser échapper quelque témoignage de vivacité ou de mécontentement
dont il n'avait pu trouver moyen d'effacer la
tache dans le jour, par le remède ordinaire
que le Dieu de miséricorde nous a préparé.
L'empire qu'il avait acquis sur lui-même le
préservait habituellement, nous ne dirons
pas des emportements, jamais il n'a donné
dans aucun, mais même de ces vives et
courtes émotions qui, prévenant l'*adver-
tance* de la raison, n'entraînent, aux yeux
des plus rigides moralistes, aucune culpabi-
lité. Néanmoins, on conçoit qu'il lui était
difficile de ne laisser jamais paraître aucun
mécontentement, de ne dire aucune parole
sévère, lorsque, avec ses vues si pures, sa
raison si droite, il rencontrait des obstacles
là même où il avait compté sur un secours;
ou lorsqu'il entendait des observations et des
objections si puériles, quelquefois si dérai-
sonnables, et devant lesquelles il lui fallait
cependant s'arrêter. Eh bien, c'étaient ces

paroles sévères qui pesaient sur sa conscience, et dont il lui fallait se décharger aux pieds d'Ananie avant d'oser monter au saint autel.

Il aimait à se rendre, autant que possible, aux exercices annuels de la retraite ecclésiastique, pour s'y ranimer dans l'amour de ses devoirs, pour y purifier, pour y retremper ce zèle infatigable qu'il déployait dans les œuvres de piété et de charité dont se composait presque exclusivement son existence.

Rien de plus simple, de plus évangélique, de plus à la portée de toutes les intelligences, que les instructions qu'il adressait à ses Religieuses. C'était pour lui un véritable bonheur de leur rompre le pain de la parole divine. Aussi le faisait-il souvent. Nourri lui-même dès son enfance de la lecture et de la méditation des saintes Écritures, témoin habituel, et souvent dépositaire intime des faiblesses, des désirs et des embarras de ses Filles spirituelles, il n'avait besoin, pour leur adresser la parole, que de quelques

instants de recueillement. Il savait immanquablement trouver le chemin de leur cœur,
leur rendre la vertu aimable et les conduire
à la pratique de leurs plus pénibles devoirs.
Persuadé que la fidélité à l'accomplissement
de la règle fera toujours le salut et la prospérité d'une communauté religieuse, il in-
sistait beaucoup et souvent sur ce point.
Souvent aussi la prompte et parfaite obéissance, plus souvent encore l'union et la charité fraternelles, faisaient la matière de ses
instructions. Comme l'Apôtre saint Jean, il
répétait fréquemment dans sa vieillesse : *Mes
petits enfants, aimez-vous les uns les autres.* Il
proclamait cette union comme la source infaillible du bonheur pour les membres de la
Communauté. Cette vérité, il la sentait si
vivement, il en était si profondément pénétré, qu'il eût voulu la prêcher éternellement. Aussi, lorsque, dans ses dernières
années, cédant au vœu de ses enfants qui
désiraient conserver au moins sur la toile le
souvenir de ses traits, il se fit peindre, vou-

lut-il tenir à la main cette prière du Sauveur à la veille de mourir : *Père saint, conservez, pour la gloire de votre nom, les enfants que vous m'avez donnés, et qu'ils soient toujours unis.*

Dans la direction des âmes, il savait unir la fermeté à la douceur, l'inflexibilité des principes aux accommodements de la charité. Sans parler beaucoup, il disait précisément à chacun ce qu'il fallait lui dire. En quelques mots il avait tracé un chemin sûr à ceux qui réclamaient ses conseils.

Dans les cas difficiles, il était d'une prudence extrême; il se fût bien gardé de donner une décision douteuse ou hasardée. S'il n'était pas suffisamment éclairé, il prenait son temps pour se mettre en état de prononcer en connaissance de cause, et sa charité secondant ses lumières, il venait bientôt à bout d'approfondir les mystères les plus ténébreux, de dénouer les nœuds les plus compliqués.

Il avait une profonde antipathie pour ce mysticisme abstrait et prétentieux que l'on rencontre quelquefois dans certaines Communautés, et qu'il jugeait aussi éloigné de la vraie piété qu'il est propre à satisfaire l'orgueil surtout des esprits étroits, et même à faire perdre la raison. Aussi, la Communauté formée, instruite, dirigée par ses soins, a-t-elle toujours offert le spectacle d'une piété douce, franche, aimable et sincère.

Il est des personnes qui, pour vouloir être pieuses, ont le secret de se rendre à charge aux autres, et qui, pleines d'un zèle indiscret, croient devoir parler sans cesse des choses saintes, et finissent par en donner du dégoût au lieu d'en inspirer l'amour; il en est d'autres qui, par crainte ou par système, n'en parlent jamais, et pourraient mériter peut-être le reproche de pusillanimité; il en est d'autres encore qui, par la tristesse chagrine qu'elles affectent, par l'austérité calculée, ou plutôt la rudesse inflexible de leurs manières, donnent le change sur la nature de la véritable vertu, et la font haïr

par la crainte d'être réduit à la nécessité de
les imiter pour être vertueux. L'abbé Jamet
était bien loin de leur ressembler; son extérieur n'avait rien d'austère; le léger sourire
qui effleurait habituellement ses lèvres,
ses manières aisées, son air plein d'une céleste sérénité faisaient aimer en lui la vertu.
Volontiers les moins scrupuleux eussent consenti à lui ressembler. Par un ingénieux et
louable artifice, il savait, au milieu des
occupations les plus graves, dans les conversations les plus animées comme dans les
simples causeries, où l'esprit se détend et
se repose, trouver agréablement le moyen
de se rappeler à lui-même, et de rappeler
aux autres qu'un chrétien n'a pas sa patrie
sur la terre, et qu'il doit à Dieu tous les
battements de son cœur. Tantôt c'était un
mot demi-latin, demi-français qu'il forgeait
comme par une pieuse plaisanterie, tantôt
c'était une invocation soudaine, et formant
surprise, tantôt c'était un air sacré qu'il
frédonnait d'une voix pleine de suavité, tan-

tôt c'était quelque autre moyen dont le naturel et l'à propos assuraient infailliblement
le succès.

Tel était l'abbé Jamet dans sa vie d'homme
et de Prêtre ; tout en lui était droit, tout
était simple ; rien n'était extraordinaire, à
moins que l'on ne regarde cette simplicité
et cette droiture en tout comme quelque
chose de vraiment extraordinaire.

Souvent on entend dire, et il semblerait
en effet, que de tels hommes devraient vivre
toujours. Cependant la mort n'épargne personne ; aveugle, elle frappe à coups égaux
sur le méchant et sur le juste, sur l'homme
inutile, et même à charge à ses semblabes,
et sur celui dont la vie n'est qu'un continuel
dévouement au bonheur des autres. Heureusement Dieu ne les confond pas dans ses
jugements ; chacun reçoit de lui selon ses
œuvres ; et c'est dans cette espérance iné-
branlablement fondée que nous trouvons
quelque adoucissement à la douleur qu'excite
en nous la perte de ceux dont la présence

nous semblait un besoin, dont les bienfaits
rendaient l'existence si précieuse. Gardons-
nous toutefois de murmurer et de nous plaindre : car si le meilleur des amis, si le plus
tendre des pères nous est ravi, du moins
sa mort n'a point été relativement prématu-
rée. La divine Providence, qui l'avait choisi
pour tant de bonnes œuvres, a voulu même
qu'il dépassât le terme ordinaire de la vie
des hommes. Ménageant la faiblesse et la
sensibilité des nombreux enfants qui allaient
se voir orphelins, elle ne leur a enlevé que
successivement, pour ainsi dire, et comme
par degrés, celui sur lequel ils s'appuyaient
avec une si grande confiance. En effet,
frappé d'une attaque de paralysie au mois
de mai 1840, l'abbé Jamet se releva et continua encore de présider à sa Communauté ;
mais affaibli par l'âge et par la maladie, et
sentant d'ailleurs le besoin de repos et de tran-
quillité, il se retire peu à peu des travaux et
des affaires ; et cependant il est partout encore. Dans l'espace de quatre ans, plusieurs

16

attaques nouvelles épuisèrent sans retour
ce qui lui restait de force et de vigueur.
Enfin, dans les derniers jours de décembre
1844, un état d'anéantissement presque
total vient présager une catastrophe malheureusement trop prochaine. Trois semaines s'écoulent, pendant lesquelles des
symptômes de plus en plus alarmants se
manifestent chaque jour. Cependant, des
prières étaient sans cesse adressées au Ciel,
non plus hélas! pour la prolongation d'une
vie désormais impossible, mais pour une
mort bonne et heureuse. Le saint Sacrifice
était offert au chevet du vénérable malade,
et il recevait la divine Eucharistie. Le peu
de paroles qu'il pouvait articuler annonçaient
toujours sa foi et sa résignation. De bon cœur
il donnait une dernière bénédiction à ceux
qui la lui demandaient, soit pour eux, soit
pour la Communauté qu'il avait tant de fois
bénie.

Enfin, le neuvième jour de janvier, on lui
proposa de recevoir les derniers secours de

la Religion. « Oui, bien volontiers, » répondit-il. Après l'Extrême-Onction, et avant
de lui administrer le saint Viatique, on
offrit à ses côtés l'auguste Sacrifice de la
Messe; mais une crise survenue vers la fin
ne permit pas de le faire communier. Ce ne
fut que le lendemain qu'il put recevoir, sur
le seuil de l'éternité, ce Viatique sacré, qu'il
avait tant de fois porté lui-même, et au
péril de sa vie, à des Chrétiens mourants
dans les jours de persécution. Quelques heures après, commença une longue, mais paisible agonie qui se termina le surlendemain,
12 janvier 1845, par une mort calme et
presque insensible: c'était la mort du juste.

  Ainsi fut détaché de l'arbre de la vie, à
l'âge de quatre-vingt-deux ans et quatre
mois, ce fruit précieux, mûr pour le Ciel,
mais infiniment regrettable pour la terre où
il faisait tant de bien. Il avait souvent répété
qu'il voulait mourir au milieu de ses chères
Filles en Jésus-Christ: ce vœu fut accompli;
elles ont recueilli son dernier soupir, et versé

sur sa tombe des larmes abondantes et amères.
Il était pour elles et pour les malheureux
auxquels sa vie avait été presque exclusivement dévouée, une seconde et admirable
providence. Puisse le souvenir de ses vertus,
de son dévouement et de ses bienfaits, ne
s'effacer jamais du cœur de la grande famille
qu'il a su réunir dans l'enceinte du Bon-
Sauveur! Puissent ses vues et ses projets si
largement conçus, si profondément marqués
au coin de la charité chrétienne, dans ce
qu'elle a de plus pur et de plus sublime, recevoir de plus en plus le perfectionnement
qu'il avait en vue, et que, malgré sa longue
carrière, il n'a pu leur donner !

Ses obsèques furent un nouvel et dernier
hommage rendu solennellement à ses vertus
et à ses bienfaits. Les hauts fonctionnaires
de la ville, les membres des Sociétés savantes, les Magistrats, les personnes de la
plus haute distinction se pressaient autour
de son cercueil. Monseigneur l'Evêque de
Bayeux, suivi du Clergé de la ville et des

environs, présidait lui-même la cérémonie
funèbre. Les cordons du drap mortuaire
étaient portés par M. le premier Président
de la Cour royale, par M. le Préfet du Calvados, par M. le Recteur de l'Académie, et
par M. le Curé de Saint-Etienne, doyen du
canton.

Qu'il était touchant de voir ce long cor-
tége suivre à pas lents, et dans le recueillement du respect et de la douleur, les restes
inanimés du bon Prêtre, à travers les vastes
jardins qu'il fallait traverser pour arriver au
lieu de sa sépulture!

Là se trouvait séparément groupée toute
la nombreuse population du Bon-Sauveur,
priant et versant des larmes au souvenir de
son bienfaiteur. Religieuses, sourds-muets,
enfants, aliénés, domestiques, tous étaient
là, orphelins affligés de la perte du meilleur
des pères.

Le corps du défunt, enfermé dans un
double cercueil de chêne et de plomb, a été
déposé, suivant ses désirs, dans le cimetière

des Religieuses; et même, outrepassant un peu ses désirs, on n'a pas craint de lui rendre un honneur immérité en le confiant à la gracieuse enceinte d'une petite chapelle devenue son tombeau.

Une pierre funéraire reproduisant fidèlement ses traits, légèrement altérés par la mort, avec une simple inscription, attestera que là reposent les restes précieux d'un confesseur de la Foi, du second fondateur d'un ordre religieux presque anéanti par une révolution sanglante; d'un instituteur célèbre de sourds-muets, d'un homme dévoué au soulagement et à la guérison de la plus affreuse des infirmités humaines, d'un ancien Recteur de l'Académie de Caen, d'un membre de presque toutes les Sociétés savantes de son pays, d'un Prêtre enfin dont le mérite, reconnu malgré sa modestie, l'avait fait placer par le Roi dans les fastes de la Légion-d'Honneur, et par trois Evêques dans les rangs des Chanoines honoraires de leurs diocèses.

Il nous reste encore à dire un mot des titres littéraires de l'abbé Jamet. Les ouvrages qu'il nous a laissés sont peu volumineux, il est vrai; néanmoins, ils suffisent pour nous démontrer qu'il eût pu acquérir une plus grande célébrité en ce genre, s'il y eût consacré ses talents avec autant d'activité qu'à son œuvre du Bon-Sauveur.

Nous avons de lui : I. Une traduction faite sur l'espagnol d'un poëme intitulé : *L'Homme heureux dans toutes les situations de sa vie;* 2 vol. in-12. Cette traduction est écrite d'un style élégant et facile. Le traducteur s'est permis de faire au texte quelques corrections exigées par un goût sévère, et de supprimer plusieurs longueurs sur la fin de cet ouvrage vraiment intéressant, et dont la lecture est attrayante. L'*Homme heureux,* écrit en portugais par le Père Alméida, oratorien, et traduit en espagnol par Vasquez, nous a paru assez mal apprécié par M. Corréa de Sarra (article Alméida dans la Biographie de Michaud). Voici comment l'abbé Ja-

met le juge dans la préface qu'il a mise en
tête de sa traduction..... « Les Portugais et
» les Espagnols ne balancent pas à le mettre
» à côté de l'*Iliade* et de l'*Enéide*..... Je ne
» puis pourtant me dissimuler qu'il n'est
» pas sans défauts....... Mais, malgré ces
» défauts, on ne saurait refuser au Père
» Alméida une imagination brillante, un ton
» d'élévation et de grandeur qui annonce le
» génie. Son style est élégant, harmonieux;
» ses pensées sont profondes, sa morale su-
» blime, ses narrations rapides, ses pein-
» tures variées et d'un beau coloris, ses
» comparaisons presque toujours prises dans
» la nature et d'un effet merveilleux, ses
» épisodes pleins d'intérêt et tirés du fond
» même du sujet, et quelques-uns de ses
» caractères bien dessinés; celui du héros
» est d'une beauté inimitable..... »

On conçoit facilement que l'abbé Jamet
se soit empressé de faire passer dans notre
langue un ouvrage où respire, sous les em-
blèmes les plus gracieux et les plus attrayants,

la morale si sublime et si pure de l'Evangile.
Rien de plus propre qu'un pareil ouvrage à
former de bons citoyens, des chrétiens sincères, des hommes pacifiques, généreux,
et aussi heureux qu'on peut l'être dans ce
monde. Il serait, ce nous semble, infiniment
désirable que des ouvrages analogues fussent
multipliés à profusion, pour neutraliser autant que possible les funestes impressions
que le génie du mal s'étudie tous les jours à
produire sur la société par des publications
où le venin bouillonne et jaillit sous les
fleurs.

II. Une traduction faite sur le portugais
d'un livre de piété qui a pour titre : *Trésor
de patience caché dans les plaies de Jésus-
Christ*, par le Père Alméida. Ce livre est
vraiment délicieux. La piété la plus profonde, l'onction la plus affectueuse y règnent
sans cesse. Il justifie admirablement son titre.
C'est pour les âmes affligées, persécutées,
découragées, brisées par la douleur, un véritable trésor. Rien, au reste, ne corrobore

mieux le jugement que nous en portons que les quatorze ou quinze éditions qu'il a déjà eues, et qui en ont fait passer plus de vingt-cinq mille exemplaires dans les mains des fidèles auxquels il s'adresse.

III. Une traduction aussi sur le portugais d'un autre petit ouvrage de piété du même auteur : *Esprit et pratique de la dévotion à Marie.* L'abbé Jamet éprouvait un véritable bonheur en faisant passer dans notre langue cet opuscule en l'honneur de la sainte Vierge, pour laquelle il avait une si tendre dévotion. Il en faut porter le même jugement que du précédent; il fait les délices des âmes pieuses.

IV. Une traduction des *Mémoires du Cardinal Pacca,* 2 vol. in-8°. La lecture de ces Mémoires offre tout l'intérêt d'un drame joint à toute la vérité de l'histoire. Les temps auxquels ils se rapportent, les matières qui y sont traitées, la manière ingénieuse, spirituelle, dont l'auteur les traite, son talent, son caractère, sa position spéciale, tout con-

court à rendre cet ouvrage extrêmement
intéressant. En effet, les *Mémoires du Cardinal Pacca* embrassent une période de sept
ans, depuis 1809 jusqu'en 1815, singulièrement remarquable dans les fastes de
l'Eglise par la lutte qui s'établit alors entre
Pie VII et Napoléon. D'un côté, le colosse
du génie et de la puissance, entouré de tout
le prestige de la jeunesse et de la gloire; le
souverain de l'Europe presque entière, je
dirais presque le dieu de la guerre, qui ne
comptait ses jours que par des triomphes;
de l'autre côté, un vieillard humble et pacifique, roi d'un tout petit état dans l'ordre
temporel, mais souverain de l'Univers dans
l'ordre spirituel, sachant plier sans rompre
jamais, et du sein de ses fers, osant imprimer au front de son dédaigneux oppresseur,
une tache éternelle. D'un côté, l'Etat qui
veut usurper, envahir; de l'autre, l'Eglise
que rien ne saurait ébranler sur sa base divine. Partout de grands hommes, partout
de grands intérêts, partout de grands évé-

nements! Tel est le spectacle qui se déroule
dans l'ouvrage du noble Cardinal. Au milieu
de tout cela est ménagée, pour le repos et
l'agrément du lecteur, une foule d'anecdotes
piquantes, de détails pleins de charme, de
descriptions pittoresques, de réflexions et de
jugements spirituels, indépendants, hardis.
L'abbé Jamet dans sa traduction a su s'élever au niveau de l'auteur, dont il a reçu les
témoignages les plus flatteurs, l'approbation
la plus complète.

V. Outre ces traductions, nous avons de
l'abbé Jamet deux *Mémoires* très-intéressants
sur l'instruction des sourds-muets. Dans le
premier, il présente des recherches histori-
ques sur l'art d'instruire les sourds-muets,
et dans le second, il présente un aperçu de
sa Méthode des signes. On trouve dans ces
deux opuscules une grande clarté de style,
une justesse remarquable d'aperçus, et des
considérations très-judicieuses sur les langues. Il faut joindre à ces *Mémoires* plusieurs
Rapports sur la maison du Bon-Sauveur, lus,

à diverses époques, devant l'Académie, et
jugés par cette Société savante, dignes d'ê-
tre intégralement imprimés dans ses Bul-
letins.

VI. Des *Méditations sur le Mystère de la
Très-Sainte Trinité;* un volume in–12 et
in–8°. Cet ouvrage a reçu l'approbation de
cinq Evêques et de plusieurs Théologiens
distingués. Dans la seconde édition, l'auteur
a ajouté douze Méditations qui n'ont pas été
soumises à l'approbation épiscopale. L'abbé
Jamet, en écrivant cet Ouvrage, s'est proposé d'offrir à l'âme chrétienne et religieuse un sujet continuel d'admiration et
d'imitation dans le plus sublime des Mystères
de notre sainte Religion. Il a excellemment
atteint son but, en développant le dogme
d'une manière aussi simple que lucide, et
en faisant sortir de ces développements des
conséquences pratiques pour la dignité du
Chrétien, pour la sainteté de sa vie, mais
surtout pour l'affermissement et l'augmentation de la charité fraternelle, source inépui-

sable de paix et de bonheur pour les âmes
consacrées à Dieu, et appelées à vivre au
sein des cloîtres, dans l'exercice commun de
la prière et des bonnes œuvres.

NOTES.

(*a*, *page* 9.)

Bien que les bons Prêtres soient, grâce à Dieu, très-nombreux au milieu de nous, il en est cependant quelques-uns qui surpassent les autres dans la noble carrière de la justice et de la sainteté. A la vérité ils ne sont pas toujours les plus connus, soit que leur modestie les empêche de se produire au dehors, soit que Dieu ménage en quelque sorte dans l'ombre la fraîcheur et le parfum de ces fleurs délicieuses qu'un plus grand jour pourrait altérer. De ce nombre fut assurément Pierre Jamet, frère aîné de Pierre-François, dont la vie nous occupe ; et l'on peut, sans crainte d'être démenti par ceux qui l'ont connu, le ranger au nombre des plus saints Prêtres.

Timide par caractère, mais solidement instruit, surtout dans la science ecclésiastique, il était remarquable par son zèle, sa régularité et sa modestie. Au sortir du séminaire, il fut placé comme Vicaire dans la paroisse de Proussy, près Condé-sur-Noireau; il y exerçait paisiblement les fonctions du saint ministère, lorsque la révolution éclata. Forcé alors de s'expatrier, il alla d'abord à Jersey, puis à Londres, où il vécut très-pauvrement, à l'aide de quelques secours qu'il avait trouvé moyen d'emporter, mais qui ne se renouvelant pas furent bientôt épuisés. Alors, comme saint Paul, il eut recours au travail de ses mains; et la vente de quelques petits ouvrages d'aiguille, dont il s'occupait dans les intervalles de la prière et de l'étude, lui fournit un léger pécule, qu'il aimait à partager avec ceux de ses compagnons d'exil, que l'âge ou les infirmités rendaient plus malheureux que lui.

A son retour en France, il ne voulut accepter aucune place, se contentant d'exercer gratuitement le saint Ministère à Fresnes, sa paroisse natale, où il tenait lieu de Vicaire. Il habitait au sein de sa famille, dont il était comme le père, et qui avait pour lui toute la vénération que l'on a pour les Saints. Là il s'était fait un plan de vie aussi simple que régulier, auquel il tenait aussi invariablement que s'il lui eût été imposé par l'autorité la plus grave du monde. Tous les jours, après avoir fait sa prière et son oraison mentale, il se rendait à l'Eglise en récitant des Psaumes, célébrait la Messe à sept heures, confessait ensuite les personnes qui se présentaient, et il s'en présentait beaucoup, car sa clientelle était nombreuse. Rentré à la maison, il récitait, ordinairement en commun avec ses frères et sœurs, un Chapelet suivi de quelques Prières. S'il lui restait du temps avant le dîner, il l'employait à l'étude ; puis il lisait, à genoux et la tête découverte, un chapitre du Nouveau Testament en latin et en français. Après le dîner, il récitait une seconde fois le Chapelet : c'était, comme il avait coutume de le dire, ses grâces après le repas. La présence de quelque étranger ou de quelque confrère ne lui faisait ordinairement rien changer à cette habitude. Il faisait ensuite la visite de ses malades, à moins qu'il ne l'eût faite dans la matinée. S'il n'avait pas de malades, il donnait souvent quelques in-

stants à la culture de son jardin, ou à la taille de ses ar-
bres ; c'était son délassement : puis il retournait à l'étude.
Vers les quatre heures, il se rendait à l'Eglise, soit pour
y prier, soit pour y entendre des confessions. Quand il
ne se présentait personne, il y demeurait au moins une
heure ; mais presque toujours il y passait plusieurs heures. Le temps qui lui restait, à son retour, était consacré
à l'étude. Il soupait à sept heures avec une frugalité ex-
trème, et récitait ensuite, une troisième fois, le Chapelet en commun avec toute la famille alors réunie.

Il se faisait un plaisir, et regardait comme un devoir,
de travailler à l'éducation des trois enfants d'un de ses
frères, qui étaient restés orphelins dès la plus tendre enfance ; et comme il ne pouvait pas toujours s'en occuper
lui-même, il faisait venir un maître qui donnait les leçons sous sa direction.

Il n'aimait point, et il ne fréquentait presque jamais, ces
nombreuses réunions d'ecclésiastiques qui cependant pa-
raissent indispensables dans les campagnes. Si la nécessité,
ou d'impérieuses bienséances, l'y conduisaient quelquefois,
il se retirait de table au moment où l'on apportait le des-
sert, et il retournait promptement à ses occupations. Il
recevait bien volontiers les amis qui venaient lui faire visite, et partageait avec eux de bien bon cœur son modique
repas ; mais il n'invitait que très-rarement.

Souvent il était consulté par ses confrères qui, connais-
sant et appréciant son mérite et sa vertu, venaient de
fort loin réclamer le secours de son expérience et de
ses lumières. Il n'était pas grand prédicateur ; mais il
plaisait singulièrement et savait captiver l'attention de ses
auditeurs par l'onction et la simplicité de ses instructions.

17

Presque tous les Dimanches il faisait, pendant quinze ou vingt minutes, un Prône en forme d'Homélie sur l'Evangile ou sur l'Epitre du jour. Ses Prônes étaient préparés d'avance ; il en possédait près de deux cents écrits de sa main.

Ses supérieurs ecclésiastiques faisaient de lui la plus grande estime ; il n'a pas tenu à eux qu'il occupât une place plus élevée. Plusieurs Cures lui ont été offertes ; mais, redoutant la responsabilité qu'un pareil poste entraîne, il n'en a voulu accepter aucune.

Il a pareillement refusé la place de Chapelain au Bon-Sauveur, quoiqu'il fût instamment prié de l'accepter en 1819, lorsque son frère en fut nommé Supérieur, et qu'il dût y jouir, selon ses goûts, d'une vie paisible et réglée.

Il vécut ainsi jusqu'à l'âge de 72 ans, et mourut des suites d'une chute, dans laquelle il se rompit une cuisse en allant visiter un malade.

(b, page 22.)

La *Constitution civile du Clergé* était une loi décrétée par l'Assemblée constituante, le 24 août 1790. Cette loi avait pour objet :

1º D'opérer dans toute la France une nouvelle division ecclésiastique, en rapport avec sa nouvelle division civile ;

2º De fixer un nouveau mode d'élection et de nomination aux charges de l'Église ;

3º De pourvoir au traitement des Prêtres, devenus ainsi fonctionnaires de l'Etat.

Pour atteindre ce but, l'Assemblée constituante, après

avoir dépouillé le Clergé de ses biens pour les attribuer à la Nation, et supprimé les Ordres religieux, s'arrogeant des droits qu'elle n'avait pas, entrait seule et sans le concours de l'autorité ecclésiastique dans le champ sacré de l'Eglise, pour y établir, à son gré, des circonscriptions métropolitaines, diocésaines et paroissiales.

Ainsi, par un attentat de la plus extrême gravité, et qui n'allait à rien moins qu'à créer un schisme en France, l'Assemblée constituante disposait en souveraine de la juridiction ecclésiastique tout entière.

Elle alléguait, il est vrai, que la juridiction était, de sa nature, universelle, et qu'elle pouvait être légitimement exercée partout où le pouvoir civil en prescrivait l'exercice. Erreur grossière, contre laquelle réclamèrent avec énergie tous les Evêques français, une grande partie du Clergé du royaume, et le Souverain Pontife.

Mais l'esprit humain, quand il est poussé par le double moteur de l'irréligion et de l'orgueil, ne revient pas de ses erreurs. Les auteurs de la Constitution s'obstinèrent donc dans leur aveuglement.

Les Prêtres qui refusèrent de prêter serment à la Constitution furent persécutés, exilés, ou mis à mort. On les appelait Prêtres *insermentés*.

Ceux qui, entraînés par des motifs d'intérêt, ou séduits par des apparences trompeuses, adhérèrent à la Constitution, reçurent des honneurs, des places et un traitement. On les appela Prêtres *assermentés* ou *jureurs*.

Il y eut alors en France un fait bien digne de remarque. Par une innovation sans exemple dans l'Eglise, les Evêques de fabrique constitutionnelle prirent le titre des circonscriptions civiles où ils furent placés; de sorte que les noms vénérables des anciens siéges ne furent point profanés. La chaîne de la succession légitime resta intacte; et bientôt on vit tomber et se briser tous ces anneaux bâtards qui ne se rattachaient à rien de sacré.

Tout le monde sait que Louis XVI, à la piété duquel on avait surpris cette loi schismatique, rétracta très-formellement, avant de mourir, la sanction qu'il y avait donnée.

(c, page 28.)

M. Bellami, chez lequel l'abbé Jamet avait été précepteur. Il y avait du courage à prêter secours et protection à un Prêtre dans une pareille circonstance. L'abbé Jamet n'a jamais oublié le service qu'il reçut alors, et il se plaisait, jusqu'à la fin de sa vie, à raconter un trait qui honore infiniment son auteur.

(d, page 37.)

Au moment de leur dispersion, les Religieuses du Bon-Sauveur donnaient leurs soins à une douzaine de femmes aliénées. La Nation, qui savait si bien chasser de pauvres Religieuses de leur cloître, s'emparer de leurs modiques possessions et les persécuter, se trouva embarrassée de ces douze folles, et se vit réduite à en confier le soin à cinq ou six Sœurs auxquelles elle loua, pour cet effet, une partie des bâtiments du Bon-Sauveur. Trois ans plus tard, ces Religieuses allèrent, avec leurs aliénées, se fixer à Mondeville, près Caen; elles continuèrent à les soigner jusqu'au jour où la Communauté, réunie et

reconstituée, commença à donner plus d'extension à une
œuvre qui se trouvait ainsi n'avoir point été totalement
interrompue.

(e, *page* 38.)

Geneviève Onfroy, dont il est ici question, se montra,
dans les jours mauvais, protectrice très-courageuse et
très-zélée des Prêtres proscrits. Elle eut, en particulier,
pour l'abbé Jamet des attentions dont il fut sincèrement
reconnaissant. Aujourd'hui cette femme, plus que nona-
génaire, et veuve depuis longtemps, habite le Bon-Sauveur, où son protégé d'autrefois, devenu son protecteur,
avait réclamé pour elle, de la charité de ses Religieuses,
les soins qu'exige son grand âge.

Les jeunes gens vivent, pour l'ordinaire, d'avenir et
d'espérance. Les vieillards ont des souvenirs dont ils ne
cessent de s'occuper. Geneviève a traversé une époque
qui lui en a laissé de nombreux. Aussi ses quatre-vingt-
quinze ans ne l'empêchent-ils pas de raconter avec
bonheur les scènes diverses qui se passaient autrefois à
Hérouville, et dans lesquelles elle prenait un rôle si actif, si intelligent, si joyeux. Sa figure s'épanouit, son
œil s'anime, sa voix s'enfle quand elle vous dit comment
elle demeura ferme dans sa foi religieuse et dans sa foi
politique; comment elle n'a jamais consenti à porter la
cocarde tricolore, malgré le danger auquel cette obstination l'exposait; comment elle soutenait une sorte de polémique contre ses maîtres, à l'occasion de leur religion
qui était différente de la sienne; comment elle s'attaquait
au ministre protestant lui-même, auquel elle n'a dans au-

cune circonstance cédé rien du terrain dont la vérité l'avait
mise en possession ; comment elle osait rompre des lances
avec le célèbre Fauchet, évêque constitutionnel du Calvados ; comment, tout occupée des Prêtres qu'elle cachait
avec tant de précautions, qu'elle soignait avec une si respectueuse tendresse, elle donnait adroitement le change
aux *carabots* de Caen et les amusait par des plaisanteries
qui indiquaient à ses *poussins* ce qu'ils avaient à faire au
moment du péril ; comment elle imaginait d'accoutrer et de
transformer un Prêtre en revendeur de farine, allant, le
sac sur le dos, et criant par les villages : « qui veut de la
farine de sarrasin ? » tandis qu'en réalité il portait le saint
Viatique à des malades ; comment elle faisait accompagner les autres par un énorme chien nommé *Jupiter*,
sous la protection duquel ils accomplissaient les expéditions les plus dangereuses ; comment une nuit, ce chien
aristocrate, qui devinait l'opinion des hommes, sauva la
vie à l'abbé Jamet, menacé par deux brigands, et revint à
Hérouville apportant sous son collier un billet de la main
de son protégé reconnaissant, qui le proclamait son Sauveur ; comment encore, lorsque *ses Prêtres*, au moment
du danger, s'étaient retirés dans les galeries profondes et multipliées des carrières de Hérouville, elle s'en
allait dans le bois taillis où se trouvaient les ouvertures
de ces carrières et se mettait à chanter :

> « Sur un chêne dans le bocage
> » Je gravai ton nom l'autre jour :
> » Ce chêne croîtra d'âge en âge,
> » Avec lui croîtra mon amour : »

quelques minutes après, elle voyait ses morts ressus-

cités qui sortaient de leurs tombeaux et venaient lui demander de la nourriture ; comment enfin, dans ces cata-
combes nouvelles, elle préparait un autel pour la célébration des saints Mystères, pendant lesquels elle faisait sa
partie dans des motets que l'abbé Jamet lui avait appris
à chanter, mais qu'elle retenait plus difficilement qu'une
chanson..... Heureux ceux qui n'ont amassé, dans le
long trajet qu'ils ont parcouru sur le chemin de la vie,
que de pareils souvenirs ! Ils ont pu rencontrer des peines,
des travaux, des douleurs ; mais ils n'ont pas à porter le
poids écrasant des remords.

(*f, page* 116.)

Il existait à Saint-Lo une Communauté connue sous le
titre de *Bon-Sauveur*, plusieurs années avant la fondation
de celle qui porte le même nom à Caen. Néanmoins la
Communauté de Caen n'est point issue de celle de Saint-
Lo ; mais on peut dire qu'elle a été formée à son imitation : circonstance qui vient de ce que la fondatrice du
Bon-Sauveur de Caen avait passé plusieurs mois en qua-
lité de postulante, dans la maison de Saint-Lo.

Nous sommes heureux de pouvoir insérer ici quelques
détails, puisés à la source même, sur l'origine de cette Communauté, et sur les œuvres de charité auxquelles les
pieuses Filles qui la composent se livrent avec un si généreux dévouement. C'est à l'obligeance de Mme Le Conte,
sa Supérieure actuelle, que nous devons ces détails.

Le Bon-Sauveur de Saint-Lo a commencé par une petite
association de Filles pieuses qui se livraient d'elles-
mêmes à l'exercice des œuvres de charité ; et le 5 sep-

tembre 1712., devant notaire à Saint-Lo, il fut passé acte d'association entre Elisabeth de Surville, Marie-Louise Auvray de Saint-André, Marguerite Brétot et Marie Foucher, *pour se consacrer à l'instruction de la jeunesse et au soulagement des pauvres malades de Saint-Lo.* Cet acte fut homologué le 20 du même mois au bailliage de Saint-Lo.

Cette même année (1712), Mgr Debrienne, Evêque de Coutances, qui avait approuvé cette association, en confia le soin à la sœur Elisabeth de Surville.

Bientôt il permit aux associées de faire célébrer la Messe dans la Chapelle de la maison qu'elles occupaient. En 1716, il les autorisa à y garder le Saint-Sacrement, et il leur donna pour Supérieur M. Hérambourg, Archidiacre de Coutances.

Elisabeth de Surville mourut le 18 mars 1718, et Mgr Debrienne nomma pour lui succéder la sœur Marguerite Diguet-Dumanoir.

Par une ordonnance du 20 septembre 1723, Mgr de Matignon, sur la demande des Sœurs *associées pour les petites écoles, secourir les malades et exercer les œuvres de charité convenables à leur sexe et condition,* leur permet l'exposition du Saint-Sacrement, le jour de la fête Saint-Michel, *où elles ont commencé à pratiquer les Règles de leur Etablissement,* qu'elles ont reçues de feu Mgr Debrienne.

Enfin, le 12 septembre 1726, il intervint des lettres et patentes qui approuvèrent l'Etablissement des Filles de la Communauté du *Bon-Sauveur,* établies en la ville de Saint-Lo, sous la conduite et obéissance de l'Evêque de Coutances, et conformément aux réglements qui seraient

par lui *confirmés et approuvés*, et la Communauté eut
dès lors une existence légale ; mais sa fondation n'en date
pas moins du 5 septembre 1712, jour de l'acte d'association ci-dessus noté.

Elles poursuivirent sans interruption, à travers le
xviiie siècle, les bonnes œuvres pour lesquelles elles existaient, jusqu'en 1792, époque fatale où tout ce qui était
religieux dut être sacrifié.

Alors, les Religieuses, privées de leur saint asile, furent toutes conduites à la maison d'arrêt de Torigny, où
le district de Saint-Lo réunissait les personnes qu'il appelait *suspectes* : quelques-unes furent mises en jugement
et conduites à Coutances, siége du tribunal criminel,
comme accusées de détournement d'effets appartenant à la
Communauté, que l'on avait trouvés dans une maison voisine, où l'on avait cru devoir faire une fouille sous un
autre prétexte. Il paraît qu'il n'intervint aucun jugement.
Les temps devinrent plus doux, et toutes les Religieuses furent rendues à la liberté.

Alors elles se logèrent dans des maisons voisines de
l'ancienne Communauté, mais en deux ménages séparés,
et elles commencèrent à prendre des pensionnaires.

L'église et la maison conventuelle avaient été occupées
par l'établissement d'une fonderie de canons, et restaient
vacantes à la disposition de l'administration.

Le 24 germinal an xiii (17 avril 1805), un décret
impérial rétablit l'institution de charité *qui existait précédemment à Saint-Lo sous le nom de Filles du Bon-Sauveur, destinées à soigner les malades de cette ville et à tenir les écoles gratuites pour l'instruction des filles pauvres.*

En conséquence, les Religieuses, au nombre de neuf

Sœurs de chœur, cinq Sœurs converses et deux associées, furent admises avec leurs pensionnaires, dans une partie non occupée des bâtiments de l'ancienne Communauté, et les autres portions leur furent successivement rendues.

Enfin le 27 mai 1807, la Communauté se reconstitua définitivement devant M. Bonté, Vicaire-Général du Diocèse, à ce député par Mgr Rousseau, Evêque de Coutances. L'habit régulier fut repris, les Règles furent remises en vigueur, sauf quelques modifications prononcées par le délégué Episcopal, et la Sœur Guillot, Supérieure à l'époque de la révolution, fut rétablie par une nouvelle élection.

La Communauté de Saint-Lo ne s'est jamais occupée de fonder aucune maison ailleurs. Seulement, en l'année 1840, deux de ses Religieuses ayant été demandées à Granville, pour y fonder un nouvel Etablissement, elles en référèrent à la Communauté, qui déclara ne pouvoir approuver cette proposition. Mais les deux Religieuses ayant manifesté leur volonté de l'accepter, avec le consentement de Mgr l'Evêque, elles ont quitté Saint-Lo et se sont rendues à Granville, où elles ont constitué une maison du Bon-Sauveur. Monseigneur leur a donné un Chapelain et leur a permis de recevoir des Novices ; mais la Communauté de Saint-Lo a voulu rester tout-à-fait étrangère à ce nouvel Etablissement.

Les personnes les plus anciennes attestent qu'il y a toujours eu des aliénées dans la maison de Saint-Lo. Elles étaient en petit nombre et avaient été admises plutôt comme pensionnaires, ayant besoin de soins particuliers, que comme soumises à un régime d'administration de justice.

Le nombre s'en est successivement accru ; surtout depuis que la Communauté a pu faire construire un bâtiment spécial pour cet objet et que l'administration départementale y a placé d'office des femmes aliénées.

Aujourd'hui la Communauté, suivant son institution , tient d'abord des petites écoles gratuites , où sont admises environ trois cents enfants. Elle tient deux classes internes , où une centaine d'autres enfants sont reçues moyennant une rétribution. Enfin il existe dans la Maison un pensionnat qui contient environ cinquante élèves , dont quelques-unes seulement à demi-pension. Quinze Religieuses sont habituellement occupées à ces diverses classes.

L'autre objet de l'institution se trouve dans les secours donnés aux pauvres de la ville. La Communauté s'en acquitte principalement sous l'autorité du bureau de bienfaisance, en faisant toutes les distributions de pain , de bouillon et autres aliments dont l'allocation aux pauvres est rendue possible par les revenus du bureau , et les quêtes que le désir d'éteindre la mendicité a fait établir à Saint-Lo. Quelques Religieuses vont, en outre, visiter et secourir les pauvres malades à domicile. Enfin , la Communauté donne des soins à des femmes aliénées.

(g , page 153.)

Voici ce que l'abbé Jamet écrivait d'Albi même, le 30 novembre 1832, lorsqu'il y conduisait ses Religieuses : « ...,... M. Crozés et M. le curé de Saint-Salvi , animés » tous deux d'un esprit de charité qui les dévore, font » des démarches pour nous. Ils prennent au Bon-Sau-

» veur un intérêt qu'il serait difficile d'exprimer, et
» veulent, à tout prix, nous procurer le Petit-Lude....
» Nous ne pouvons trop bénir l'adorable Providence. Elle
» a sans doute sur le Bon-Sauveur d'Albi des vues d'une
» bien grande miséricorde, puisqu'elle a tourné tous les
» cœurs en notre faveur. Puissions-nous y répondre!... »

(h, page 190.)

Les réservoirs à cidre, construits au Bon-Sauveur en
1841 et 1842, contiennent chacun 190,000 litres. Les
murs extérieurs n'ont rien qui les distingue d'une construction ordinaire. L'intérieur est en granit soigneusement jointoyé, au moyen de calfatage recouvert d'une
couche de mastic des fontainiers. Outre le double enchaî-
nement qui relie les murs, en embrassant leur périmètre,
on a disposé, dans chaque réservoir, une armature composée de seize tirants en fer, traversant le vase dans son
plus petit diamètre, et se rattachant en dehors à de fortes
barres verticales incrustées dans le mur. Il résulte de cet
appareil une solidité à l'épreuve de la poussée des voûtes,
du poids du cidre, et même des secousses qui pourraient
être imprimées à toute la construction par une cause quelconque.

Une expérience, déjà plusieurs fois répétée, nous a
convaincus que le cidre confié aux parois granitiques de
ces réservoirs était, sous tous les rapports, préférable
au cidre de même nature déposé en même temps dans
des tonneaux ordinaires.

Comme complément de cette innovation, on a, vers
la même époque, essayé au Bon-Sauveur l'accélération

du pressurage du cidre, au moyen d'une presse hydrau-
lique. Cet excellent procédé, appliqué à la fabrication du
cidre, économise beaucoup de temps et de main-d'œuvre.
Par son emploi on obtient une plus grande quantité de
liquide ; et l'appareil n'exige que le quart à peine de
l'emplacement nécessaire pour un pressoir ordinaire.

(i, page 191.)

Voici une liste des diverses acquisitions d'immeubles
que l'abbé Jamet a faites, à diverses époques, pour le
Bon-Sauveur, avec le chiffre du prix principal :

En 1804, L'ancien couvent des Capucins. 30,000 f.
En 1810, Une maison. 2,400
En 1812, Une maison et une cour. 14,000
En 1815, Une maison. 500
En 1817, Une maison et une cour. 7,500
Une petite maison. 2,400
Une maison et un plant. 16,000
En 1818, Une maison. 6,000
Une maison et un jardin. 9,000
Une maison. 500
Un grand jardin. 40,000
En 1819, Un petit terrain. 5,000
Un jardin. 2,600
Un petit jardin. 1,500
En 1821, Un jardin et une grange. 5,000
Un jardin et une maison. 6,000
Deux maisons et une cour. 8,000
En 1823, Une maison et une cour. 3,000

En 1825,	Une maison.	5,000
	Une maison.	6,500
	Un jardin et des maisons. . . .	36,000
En 1828,	Un herbage.	10,000
En 1830,	Une maison et un jardin. . .	5,000
En 1831,	Une maison et un jardin. . .	11,000
En 1832,	Une petite maison et un petit jardin.	2,000
En 1834,	Une grande propriété. . . .	36,000
En 1835,	Un pré.	18,000
En 1839,	Une ferme et une maison de maître.	100,000
En 1841,	Une maison et un jardin. . .	10,000
En 1844,	Une grange.	5,000

Si l'on ajoute à ces sommes les frais de contrats et autres dépenses accessoires, on arrive bientôt à un chiffre de 500,000 francs, pour les seules acquisitions de terrains et maisons. Mais là ne se sont pas bornées les grosses dépenses qu'il a fallu faire pour créer le Bon-Sauveur, car la plupart des maisons acquises par l'Etablissement n'ont pu être appropriées à ses besoins qu'au moyen de déboursements considérables. Des sommes bien plus considérables encore ont dû être absorbées pour les contructions nouvelles.

Voici du reste un aperçu des principaux frais de constructions et de grandes réparations entreprises au Bon-Sauveur, depuis 1804 jusqu'à 1844.

Nous les rangeons sous cinq dénominations principales.

1º Pour la communauté proprement dite, et pour le service général :

— Réparation et appropriation de l'ancienne église et des

   vieux bâtiments des Capucins, à di-

     verses époques. . . . .   75,000 f.

— Cuisine, boulangerie, noviciat.   60,000

— Nouvelle cuisine, salle de chapitre,

     cellules.   20,000

— Murs de clôture, murs de séparation à

     l'intérieur.   50,000

— Réservoirs à cidre.   38,000

— Buanderie et séchoir.   60,000

— Ateliers et basses-cours.   15,000

2° Pour les femmes aliénées :

— Avant 1818, premiers travaux. . . .   25,000

— Grande maison de Sainte-Marie, et ses

     accessoires.   600,000

— Une aile ajoutée depuis.   15,000

3° Pour les hommes aliénés :

— Maisons de Saint-Joseph et de Saint-Vin-

     cent.   120,000

— Appropriation de quatre maisons isolées.   20,000

— Lingerie et maison de Saint-Lazare. .   25,000

— Quartier Saint-Jean, chapelle. . . .   80,000

4° Pour les sourdes-muettes et les demoi-

     selles pensionnaires :

— Une grande habitation.   65,000

— Appropriation de divers vieux bâtiments.   15,000

5° Pour les sourds-muets :

— Appropriation de vieux bâtiments. . .   10,000

— Un bâtiment neuf, des ateliers. . . .   70,000

   Total, en y joignant les acquisitions.   1,863,000 f.

Voilà donc une somme de un million huit cent soixante-

trois mille francs absorbée en acquisitions , en grosses
réparations et en constructions. Si l'on y ajoute tous
les frais d'ameublement et de décoration intérieure ,
qui n'ont pas dû s'élever à moins de huit ou neuf cent
mille francs , on obtient un total de près de trois mil-
lions : valeur approximative du Bon-Sauveur au jour du
décès de l'abbé Jamet.

Caen — Imprimerie religieuse de PAGNY.